株式会社の世界史

『病理』と『戦争』の500年

东方丛书

世界股份公司史

『病理』与『战争』的500年

〔日〕平川克美 著

向妤婷 译

人民东方出版传媒
东方出版社
The Oriental Press

图字：01-2023-0701

KABUSHIKIGAISHA NO SEKAISHI by Katsumi Hirakawa
Copyright © 2020 Katsumi Hirakawa
All rights reserved
Original Japanese edition published by TOYO KEIZAI INC.
Simplified Chinese translation copyright © 2021 by Oriental Press
This Simplified Chinese edition published by arrangement with TOYO KEIZAI INC., Tokyo,
through Hanhe International(HK) Co., Ltd.

中文简体字版权由汉和国际（香港）有限公司代理
中文简体字版专有权属东方出版社

图书在版编目（CIP）数据

世界股份公司史："病理"与"战争"的500年 /（日）平川克美 著；向妤婷 译. — 北京：东方出版社，2023.9
ISBN 978-7-5207-3591-9

Ⅰ.①世… Ⅱ.①平… ②向… Ⅲ.①股份公司 - 企业史 - 世界 Ⅳ.①F279.19

中国国家版本馆CIP数据核字(2023)第146514号

世界股份公司史："病理"与"战争"的500年
（SHIJIE GUFEN-GONGSI SHI: BINGLI YU ZHANZHENG DE 500 NIAN）

作　　者：	[日] 平川克美
译　　者：	向妤婷
责任编辑：	王夕月　徐洪坤
出　　版：	东方出版社
发　　行：	人民东方出版传媒有限公司
地　　址：	北京市东城区朝阳门内大街166号
邮　　编：	100010
印　　刷：	北京文昌阁彩色印刷有限责任公司
版　　次：	2023年9月第1版
印　　次：	2023年9月第1次印刷
开　　本：	880毫米×1230毫米　1/32
印　　张：	8.25
字　　数：	191千字
书　　号：	ISBN 978-7-5207-3591-9
定　　价：	59.00元
发行电话：	(010) 85924663　85924644　85924641

版权所有，违者必究
如有印装质量问题，我社负责调换，请拨打电话：(010) 85924602　85924603

CONTENTS
目录

序章 / 001
幻想共同体股份公司 / 001

作为"动力"的股份公司 / 001
"动力"的秘密与"弊病"的根源 / 003
股份公司化的国家与社会 / 004
生命线"有限责任制" / 006
股份公司的起源 / 008
本书的主题与结构 / 010

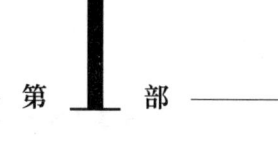

第 I 部
股份公司的500年——历史变迁

第 1 章 / 014
威尼斯商人的时代

戏剧《威尼斯商人》/ 014

模仿与改编 / 017
所谓的"商人" / 018
"不毛之地"上的自由与繁荣 / 020

第 2 章 / 022
东印度公司的成立

大航海时代的冒险商人 / 022
兼具"暴力"与"财力"的东印度公司 / 025
股份公司的灵感起源与早期形态 / 026
法律人格的起源——"神秘主体" / 029
持续大量募集资金的机制 / 031
放纵欲望创造历史 / 033
南海泡沫事件 / 036
战争的关联产物——银行券 / 039
从奴隶贸易公司到金融公司 / 040
"股份公司"东山再起 / 042

第 3 章 / 045
复式记账法的发明

延迟清算的时间差孕育出的发明 / 045
复式簿记也得到了马克思、韦伯、熊彼特
的高度关注 / 048

第 4 章 / 051
《国富论》与美利坚合众国的诞生

经济学的开端与美国独立 / 051
重商主义与市场主义的"共犯关系" / 054
追求私利会推进公共利益的实现 / 056
亚当·斯密的股份公司论 / 058
在被基督教控制的欧洲登场的近代人物：
亚当·斯密 / 060

第 5 章 / 064
股份公司的恢复能力

股份公司的三个阶段 / 064
被忽视的伊斯兰经济思想 / 068
东印度公司与日本 / 071
韦伯的资本主义论与劳动伦理 / 074
宫本常一与韦伯的"工作观"差异 / 076
"克制消费"的同时"开展营利活动"的规律 / 078
"先定论"与"外力思想"的共通点 / 081
韦伯预见的未来 / 085
第一次世界大战与股份公司 / 087
经济危机与罗斯福新政 / 091
家族形态与股份公司 / 094

第 I 部 总结 / 100

第 II 部

股份公司的"原理"与"病理"
——公司理念

第 6 章 / 106
理性经济人

股份公司的所有人 / 106
为所欲为的理性经济人 / 108
合理性的边界 / 112

第 7 章 / 115
股份公司的特质

股份公司法人的人格 / 115
米尔顿·弗里德曼与亚当·斯密 / 117
弊病的两面性 / 121
便利性之外的丰富性标准 / 122
所有权与经营权分离的起源 / 125
所有人的得失与经营者的得失 / 129

第 8 章 / 132

他们热爱公司的理由

公司的辉煌时代 / 132

消失的国民时间 / 134

如果公司消失 / 137

旋涡中的时代转型 / 139

商品化的公司 / 142

工匠精神与忠诚 / 144

存续的家族氛围 / 148

互惠共同体的崩溃 / 152

公司信仰的黄昏 / 153

第 9 章 / 156

欲望虚构出的幻想

不合理的公司命令 / 156

公司成为公司的理由 / 157

利益共同体公司 / 160

人们在自己设定的框架里思考 / 162

刻进公司里的人类欲望 / 164

原本具有反社会性质的股份公司 / 167

第 10 章 / 170
幻想共同体股份公司与个人欲望

驱动个人欲望的他人 / 170
宛如衔尾蛇之环的因与果 / 173
事故的"内化" / 175
他人引起的欲望 / 177
利息的起源 / 180
欲望共同体和无偿赠予 / 182
"发病"的不二家 / 186
"发病"的活力门 / 190

第 11 章 / 196
技术革命与"生命原基"

改变商业的互联网 / 196
演变的危险性 / 202
互联网技术与人际关系 / 204
互联网与金融的结合 / 210

第 12 章 / 218
个人伦理与国家伦理

群体改变信仰 / 218
落语传达的看不见的价值 / 222
金钱买不到的东西 / 224

国民国家与国民经济 / 226
有难同当与公司精神 / 233

终章 / 236

股份公司将何去何从

股份公司暴露出的界限 / 236
战争与股份公司 / 240

参考文献 / 247

后记 / 250

序章

幻想共同体股份公司

本书主要围绕股份公司来讨论,但本书的讨论对象并非当下日本拥有的115万家股份公司。日本现存的这些股份公司确实发行了股份,满足股份公司的必要条件,但很多情况下股东主要是创始人的家人或与创始人有关的其他人员。这些公司可以说是法律和名义上的股份公司,但因为老板是用家产做担保,所以对公司负有实际意义上的无限责任,并且不存在任意的第三方股东。从这两点来看,这些公司的本质(正文将会论述)很难说与股份公司的本质是一致的。

我希望读者把接下来将详细论述的"股份公司"理解为:以所有权与经营权相分离,股东拥有决定权为前提,公开售股的公司或其早期形态的法人。

作为"动力"的股份公司

股份公司已被人们视为理所当然的存在,在经济领域发挥着引领作用。我们为什么需要它？这一体系今后也是必不可少的吗？我希望从历史的视角重新审视并尝试验证这些问题。

有时，我们需要从零开始验证那些所有人都自以为十分清楚的事情。在时代转型期，这项工作变得尤为重要。因为在这一时期，使人们产生这种想法的事物本身可能会发生巨大的变化。

我认为自2000年以来的时代是一个巨大的转型期，人口开始减少，发展成果逐渐消失，这一时代同时也是混乱的过渡期。我想从原理方面考察在转型期之前作为动力引领社会发展的股份公司。

事实上在日本，除了一部分研究者，其他人不太热衷于这种可以称为股份公司学的研究。当然，在属于应用科学的股份公司研究领域，无论是用作企业家的辅助学习书目，还是MBA（工商管理硕士）的教材，已出版的书目不胜枚举。但在这些研究用书和实用书籍中，绝大多数情况下都把股份公司当作既定的事实，即便涉及股份公司的诞生和起源，大多也只停留在罗列历史年表的知识层面。

每天到公司上班，用工资维持生活，在市场上买卖股份公司制造销售的商品，这是许多人的生活常态。股份公司与我们的生活密切相关，任何人都无法否定深入了解它的重要性。因此我准备从根源上分析股份公司，将它从出现到将来的可能性发展都纳入考察范围。

在论考股份公司的诞生与起源时，除了商业方面的研究，还必须进行文明史范畴的研究。不仅要考察体系的起源，也要考察人们一定要让作为共同幻想（法人）的股份公司存在的心理。很遗憾，并不存在这样的跨学科研究，即便存在，也不过是一知半解，意义不大，对我而言亦是如此。少有研究者不顾这种风险踏上股份公司学研究，这也是可以理解的。

"动力"的秘密与"弊病"的根源

请允许我先为大家说明,此前的股份公司研究中当然也存在特例,出现了一系列重要的成果,如奥村宏的《法人资本主义的结构(最新版)》(岩波现代文库)、岩井克人的《威尼斯商人的资本论》(筑摩学艺文库)和《货币论》(同前)等。

另外,大冢久雄的《股份公司发展史论》①详细记述了股份公司的发展历史。股份公司的两种前形态——规约公司(Regulated Company)与合股公司(Joint-Stock Company),或者说中世纪意大利的征税承包公司(Pachtgesellschaft)那样的资本合并形态经历了怎样的过程后化身为现在的股份公司,大冢围绕这个问题,一边探索各种学说,一边展开详尽的说明。其中包含着眼于股东有限责任制的组织论、着眼于股份自由转让制的原理论,还有从家族共同体经合伙企业发展到股份公司的史论。大冢作为一名研究者,其惊人的知识面和充满毅力的研究中有许多值得学习之处,但他这本书是关于股份公司这一有限责任制的法人成立过程的历史研究,并未详细论述股份公司拥有当下可见的繁盛与力量的内在动机,即股份公司这一幻想共同体被需要以及能延续至今的原因。或许是因为当下股份公司仍然存在,所以大家没有感受到思考它持续存在原因的必要性。

尽管如此,我会在本书中探寻其所以然,因为我认为股份公司"动力"的秘密与"弊病"的根源依然存在。要回答为什么选择股份公司这个问题,不仅要关注外在的史实,还必须在人类的欲望与心

---

① 收录于《大冢久雄著作集》第一卷,岩波书店1969年版。

理等无法提供清晰证据的模糊地带发挥想象力。大塚作为研究者，没有踏足那样的文学领域，应当说体现了研究者的分寸与明智。可我并非学术研究者。

我实际成立并经营过几家股份公司，经历过许多失败，我仅仅是参照自己的经验，一直在经营一线思考股份公司拥有的"动力"的秘密与因此不可避免地存在于内部的"弊病"。

我在此论考股份公司是提出疑问：即便在人口减少的时代或者看似已经失去发展空间的现代，股份公司依然具有存续的可能性吗？为此，我想考察在历史中不断变化的股份公司的本质和存续原因，考察在虫蛹时代、幼虫时代、成虫时代以及大概可以称为妖怪时代的时代，股份公司表面与其内部蠢蠢欲动的生命力。

股份公司化的国家与社会

常有人说，现代社会正在被股份公司占领，股份公司的繁殖能力之强着实令人惊叹。确实如此，在日本，人们很关注国有、公有企业效率低下的问题，故持续向公共机构引入竞争原理。例如在日本电信电话公社、日本国有铁道民营化之后，小泉邮政改革也将邮政局民营化。除此以外，股份公司成立的大学受到认可，国立大学也成为独立行政法人等。

在2020年，一部分国会议员策划了将给排水管道业务民营化。可以预想，今后大型运输、邮政、教育、用水等公共机构会越来越快地被改为由私营企业运营。然而在我们的社会里，有可以民营化的领域，也有完全不适合民营化的领域。

支撑"任何领域都可以民营化"这一观点的，是对合理性的信仰与对追求合理性的股份公司的浅显信任。但仔细一想，追求合理性就是追求效率化，只存在于用金钱这一标准衡量人类复杂行动的思考中。

所谓效率化，是指在最短的时间内，用最低的成本实现某一目的，归根结底可以概括为金钱合理性。衡量最短时间与最低成本的标准，一定是判定金钱合理性的标准。

削减给大学的政府补助金，减少公务员不可能完成的工作和无用的消耗，裁减公务员人数，压缩社会保障预算，为把电力制造成本控制到最低使用核能发电，为达成这些目的而进行的业务流程调整都是基于金钱合理性的标准来衡量的。这里所说的金钱合理性即主流经济学（Mainstream Economics）依据的经济合理性，主流经济学认为"理性经济人"（Homo Oeconomicus）的行为构筑了社会。为了最大化"理性经济人"的利益而调整业务流程，结果就是上述民营化和削减公共机构的经费。

股份公司接受民营化请求的目的是使股东利益最大化，大多数人都能理解这一点。但如果将本来并不追求利益的公共服务交由私企运营，个人利益就会优先于公共利益，公共基础就会被歪曲。

竞争原理发挥作用，服务质量就会提高吗？短时间内确实可能实现这种效果。但如果作为社会公共资本的教育、看护、医疗、给排水管道、电力、邮政、运输、通信等领域全部被民营化，那么服务质量就会根据支付金额的不同而出现差距，无法支付的人甚至都享受不到这些服务。

公共机构是为了共同体中的全员能平等、公平地享受便利而设置的服务部门，为了维持国民国家生活运转，这种制度是不可缺少的。

任何人都不希望生活在"有钱能使鬼推磨"的社会。

为了维持健康、公平、公正，社会中必须有国家和自治体担责运营的机构，税金就应该用于维持和发展这样的机构。

为了维持国家和自治体的运营，税金应当承担支出义务，同时它也具有收入再分配的重要功能，以消除社会收入差距的弊端。如果收入差距过大，社会就会分化出有产者与无产者，终究会失去整体的活力和保障社会的秩序，最终走向崩溃。

提及国家的股份公司化时，并不单指民营化这种可见的社会体系变化，自我负责、竞争原理等说法泛滥的潮流可能会从根本上改变社会道德。比如说机关作风，各地部门都想在工作中回避责任，到处都在"踢皮球"，就算有所行动也要花费时间和金钱。这种情况下，人们就会说"要是寻常公司的话，就……"来批判所谓的机关作风，最后社会道德也将统一遵守金钱合理性。在这种情况下，股份公司不是批判的对象，而是应当参照的样本，也是组织的学习模范。

机关作风中确实存在许多应当改进的不足之处。虽说采用股份公司式的做法可以改正效率低下的缺点，但救济社会弱者等工作就会被逼到视线范围以外。

生命线"有限责任制"

在现代，发达国家都出现了人口减少的问题，经济发展领域阴霾初现。我认为这是现代文明的转型期。

股份公司确实在近代起到了引领作用，对社会发展贡献良多。如果没有股份公司，就不可能实现工业革命以后的资本主义发展。但既然任何体系都是人类创造的，就没有完美之说，避免不了落后和出现亏损的问题，认为股份公司今后也会永远存在的看法太过乐观。

股份公司会存续下去吗？或许许多人认为这是毋庸置疑、理所当然的，此前与今后，股份公司都是经济活动中重要的组织，质疑股份公司寿命的人可能只是社会上不安的煽动者或被末日论蛊惑的玛各[①]。如今，没有股份公司的社会是无法想象的。如果没有股份公司，我们还能恢复经济、延续文明、享受消费生活吗？在这些人看来，股份公司是世界经济稳定持续发展的唯一途径。

当真如此吗？2008年的雷曼危机告诉我们，支撑这个世界的经济体系并非牢不可破，它具有偶尔利于提高生活质量，偶尔也会失常发病的两面性。在雷曼危机之前，安然和大型会计师事务所等公司的不端行为展现出股份公司内存在着违背伦理的因素。这些现象是部分黑心经营者的不端行为还是股份公司所含弊病的症状呢？

为了确认答案，必须首先了解股份公司。它过去数百年间扎根于社会，任何人都不曾怀疑它。

人们普遍认为，资本与经营的分离及股东的有限责任，是股份公司最本质且最重要的必要条件与特征。在此基础上加上自由转让股份、股东决定权等必要条件，就基本涵盖了当下股份公司的特征。股东虽说是决定者，但只承担有限责任，股份公司正是在这些股东的支撑下运转的。

在某种意义上，股份公司是任何人都不担责的体系。这种即便想承担责任也承担不了的机制，正是股份公司的生命线。

这些构成股份公司特征的必要条件并非从一开始就不证自明，因为在股份公司诞生以前，人们想都没想过资本和经营分离的情

[①] 玛各为《圣经》中的人物，喻指凶恶可怕的人物。——译者注

形。在使股份公司从以前的公司形态，变成本质上与原来完全不同的股份公司这一过程中，股东的有限责任制起到了最重要的作用。

股份公司的起源

在此我先介绍股份公司出现前的历史概况。

在正文中我会详细论述，股份公司这一体系产生的原因包含对大量筹款的需求。需求确实是发明之母。但要了解在某些历史场景下，大量筹款的需求急剧增多的原因，就必须了解整体的时代变化。

工业革命为家庭手工业时代转向大规模工厂化生产时代开辟了道路。如果没有科学技术的发展，想必大规模工厂化生产的时代不会到来；如果没有兴起的中产阶级，想必即便有较强的生产商品的能力也并不存在需求。同时，连续战争带来的特别军需也不可忽视，从补给站到武器，纺织行业和武器行业在这一时期飞速发展，这种需求的导火索正是反法战争（1793—1815）等一系列战争。

1300年前后，带来航海技术革命的三大发明问世，分别是指南针、航海图（印刷术）和波特兰型海图（Portolan Chart）①。得益于这些技术的帮助，许多载有毛织品、金属制品、玻璃工艺品的武装船队，从热那亚和威尼斯的港口、葡萄牙和西班牙的港口，还有英国与荷兰的港口扬帆起航。这些船只在遥远的停泊港装上葡萄酒、橄榄油、丝绸、砂糖、蜂蜜、香辛料等物品后返回，船上的货物在欧洲都是贵重物品。在这个时代，奴隶也是重要的"货物"。伦敦成

---

① 指南针的登场实现了从沿岸航法到近海、远洋航法的转变。波特兰型海图上标注了以指南针为起点的方位线，可以一眼确认航行情况。

立废除奴隶贸易协会发生在1787年,到立法又花费了20年。在那之前,奴隶是三角贸易中的重要商品。

低价买进高价卖出,在现在是太过理所应当的事情,是任何人都不认为有问题的商业真谛。可这一真谛并不符合我们曾经习以为常的等价交换的买卖原则。但人们发现,利用地理差异,在停泊港可以借助异地等价交换获得极大的利益。所谓大航海时代的地理发现,其实就是差价生意的发现。

一个国家之内当然也存在差价生意。许多情况下是以富人从穷人那里掠夺利益的形式存在的,用低廉的价格奴役工人,在市场上高价卖出奴隶,是商业中的惯用手段。

提出劳动价值论的卡尔·马克思之所以重点关注对工人的剥削,可能是因为他看准了即使在近代以后,利润的源泉仍是将劳动力低价买进再强行高价卖出的差价生意。剥削工人并不是等价交换,贪婪的资本家将不等价交换常态化,马克思用"剥削"一词明确了其中的不等价。

与此相反,利用地理差异的基础,是远距离异地的等价交换。因此,远距离贸易比剥削工人更好地说明了资本主义的本质。远洋航海技术使得需要借助地理差异的差价生意,具备了大规模进行的可能性。商品流通的迅速扩大赋予了商人活力,促进了经济发展,孕育了中产阶级这一新的消费阶级。

欲望刺激欲望所形成的欲望网络扩大至世界范围,是工业革命的成果之一。

拥有大量需求的市场与使大规模生产具有可能性的机器大工业生产,二者谁先出现的呢?这个问题几乎没有意义,因为一定是二者同时出现的。支撑大量需求的不仅有崛起的资产阶级,反法战争等战争还带来了巨大的特别军需。战争带来的国家需求，促使军装等军事装备尤其是制造武器的制铁工业取得了飞速发展。

在这种国内外不太平的背景下，又诞生了通过发行股票筹款的体系，实现大规模筹款以满足生产侧的需求。善于发现机会的债券经纪人、被负债折磨的国家财政当局、渴望一夜暴富的投机大众联合创造出的体系正是通过股票筹款的体系。不同之处在于，通过征税和发行银行债券等手段筹款是国家行为和强制行为，而通过发行股票筹款却是民间人士自发推进的结果。

一个时代的背景促进了需求的增加，自然需要供应大量商品的工厂，进而促使人们发明了股份公司这一为建设工厂募集资金的体系。不过这件事发生在工业革命以后，股份公司的构想在很久以后才会出现，详细内容我们进入正题后再讨论。

本书的主题与结构

在此我们回到开头的问题，我们为什么需要股份公司？

本书的主题之一，不单单是作为教材知识点的股份公司，还包括把它将要破壳而出的时代（虫蛹时代）栩栩如生地呈现在读者眼前。

股份公司这一筹款和生产体系出现以后，在工业革命时代（幼虫时代）发挥出了巨大力量，对文明发展和经济发展做出了贡献。

引领近代发展的股份公司，今后也能作为经济发展的根本动力发挥核心作用吗？这是21世纪的课题之一，回答这一问题就是本书的第二个主题。

在本书的结论部分，我将通过这两个主题思考股份公司以后的生产体系。

在进入正题前，我想先大致说明一下本书的结构。

第Ⅰ部 股份公司的500年——历史变迁

第1章至第5章，站在历史的角度考察从股份公司的诞生至法人资本主义全盛期的大体演变和股份公司的支撑思想。

第Ⅱ部 股份公司的"原理"与"病理"——公司理念

第6章至第12章，是以我曾经写作的名为《股份公司的病》一书为基础大幅增改的内容。股份公司从原理上说是内含弊病的，作为自然人的人类如果不持续监视、安装制动器，它就有可能变成刹不住车的经济怪物（妖怪时代）。

在终章中，我将讨论进入全球化时代的股份公司与国民国家的角逐。当下，发达国家的总需求在减退，经济发展难度增加，股份公司的立身之本受到了威胁。为股份公司的生存而斗争最容易演变为战争。就拿眼前的战争来说，它并不是突发事件，而是经济体系与政治体系失衡的必然结果。

前言过于冗长，下面我们进入正题。首先让我们将时针拨回到莎士比亚生活的时代，降落在股份公司黎明期的世界。

第 I 部

股份公司的500年——历史变迁

第1章
威尼斯商人的时代

戏剧《威尼斯商人》

2004年的威尼斯电影节特别上映了一部电影,该电影以威尼斯为舞台,正适合在电影节举办地威尼斯播放。这是一部纪念碑式的作品,它就是《威尼斯商人》。该电影是美国、英国、卢森堡和意大利合作拍摄的,导演是英国人迈克尔·莱德福,主演是阿尔·帕西诺。

将莎士比亚家喻户晓的戏剧改编为电影,当然可能是因为其中的趣味性和票房大卖的概率,但更重要的是因为,电影制作人能带来观察这部戏剧的新视点。令人惊讶的是,这是《威尼斯商人》第一次被拍成电影。

据我所知,《哈姆雷特》已经被5次翻拍成电影,《麦克白》《奥赛罗》以及《罗密欧与朱丽叶》也多次被改编为电影。但著名戏剧《威尼斯商人》直到2004年才被改编成电影。其原因不得而知。

这部电影里的重要出场人物——高利贷者犹太人夏洛克，或许曾让导演犹豫要不要拍摄这部作品。好莱坞背后有犹太资本支持想必也是一个重要原因。解析犹太资本和相关问题不是本书的目的，因此不深入分析。

在莎士比亚生活的时代，本是同根生的犹太教世界与基督教世界却被赋予反目成仇的宿命。如果没有这两个共同体的矛盾与反犹太主义思想的蔓延，《威尼斯商人》这部作品就不会诞生。也有一种说法是，莎士比亚敏锐地对英国反犹太主义运动做出反应，才写下了这部作品。

我关注的不是宗教对立问题，而是在威尼斯这一浮在海面上，不能孕育任何事物的不毛之地，诞生了自由城市。

精通意大利建筑史、城市史的阵内秀信这样写道：

> 威尼斯城市史的权威专家多纳泰拉·卡拉比（Donatella Calabi）女士引用了"坐落在海上的城市"这一某位编年史作家的表述，关注了威尼斯面朝大海的城市特点。威尼斯这座浮在海上的小城确实没有任何资源，有古老的史料表明，"在这种湿地里，小麦、谷物饲料和葡萄酒都无法生产"。在这般条件下，威尼斯人的睿智和能力得以发挥。威尼斯的经济活动渗透到了各个地方，从各个地方带来不毛之地不具备的东西。①

---

① 阵内秀信：《兴亡世界史08：意大利海洋城市的精神》，讲谈社2008年版。

虽然是孕育不出任何东西的城市，但这恰好是让当时的威尼斯成为世界贸易中心的缘由之一，威尼斯作为无法被共同体支配的自由城市，发展成以金钱为共同语言的商业空间。在这个空间里，仅凭金钱就可以连接不同出身、人种、职业的人。

收复失地运动之后，流入该地区的犹太人形成了自己的犹太教世界。如果该地区不具备自由城市的特点，那么基督教同犹太教这两个异世界的反目与交流也是无法成立的。

让这两个共同体反目成仇的是宗教战争和宗教改革的历史，让二者相互交流的是货币经济的无障碍流通。

《威尼斯商人》以戏剧的形式讲述了上面这些故事。

接着，现代意义上的经济也是在这两个不同的共同体之间萌芽的。

莎士比亚创作这部戏剧的时间为1594年至1597年，同时期他还创作了以丹麦为背景的《哈姆雷特》（1600年）、以苏格兰为背景的《麦克白》（1606年），《李尔王》也是同时期的作品。可见，莎士比亚是一位十分多产的作家。因此有传言说莎士比亚并非单指一个人。

在同期被创作出来的大量戏剧中，《威尼斯商人》是一部相当特别的作品。特别之处在于，这部作品脱离了仅仅体现人类的权力欲、嫉妒心、虚荣心的悲喜剧，而是触及了货币、法律、国家这些由共同幻想造就的现代社会的基础，种种细节表明作者洞察了后来的500年。

为什么这么说呢？莎士比亚书写《威尼斯商人》和《哈姆雷特》等作品的时代，与现在的股份公司的摇篮期紧密相连。《威尼斯商人》描绘出了人们因处于时代动荡期而出现的心理矛盾。

为了了解作家的这种想象力与本书的论述对象——股份公司——具有的特征之间的关联，我们必须稍微仔细地剖析一下这个故事的内涵。

模仿与改编

《威尼斯商人》由四个故事构成。

一、住在贝尔蒙特的美丽贵族女性鲍西娅为了选亲，让竞争者抽选盒子。

二、鲍西娅赠送给巴萨尼奥的戒指的去向。

三、众所周知的人肉审判。

四、夏洛克的女儿杰西卡私奔。

这些既是《威尼斯商人》的重要主题，也是为了表现出极大的趣味性以吸引观众的戏剧设计。

本书暂不对这个故事进行文学性的探讨，我想探究的是，这些故事要素在当时的威尼斯所象征的事物。

《威尼斯商人》是当时最受欢迎的作品之一，它直接触动平民的感情，而且使用了大家熟知的故事设定。莎士比亚通过改编大家熟知的故事，在没有削弱原本故事具有的生活教育意义的同时，表现出了与原来完全不相关的人类史问题。简单来说，这部戏剧集中描写了困扰我们到现在的各种问题。

比如说，作品里提出了人肉审判中的"等价交换"或"负债"的本质；看透了交换戒指过程中的"信用"与"赠予交换"的关联性；注意到了夏洛克女儿杰西卡私奔过程中"联系不同共同体的货币"；以及按照本书主题来看，作品暗示了，开头描写的安东尼奥投资的商事行为是现代人不安的元凶。进一步说可以反向证明，如果没有这分不安，就不会出现后来欧洲的发展。

《威尼斯商人》以投资者安东尼奥被自己也不甚清楚的不安情绪折磨为开端，希望读者首先注意到这一点。

所谓的"商人"

如果安东尼奥投资的船顺利返航，那么还清从夏洛克那里借走的3000杜卡特金币并非难事。

正因如此，安东尼奥才会同夏洛克就合约达成一致意见，拿出相当于性命的1磅肉（心脏附近）作为担保，去借对自己微不足道的3000杜卡特。但不管怎么估价，3000杜卡特金币和安东尼奥的心脏都是不等价的。

二者等价只能基于双方的一致意见成立，但显而易见，一致意见并非一定能证明等价关系。

然而，一旦达成一致意见，以后1磅人肉就能够交换3000杜卡特金币。也就是说，人们只能注意到达成了等价交换的事实。放贷人和借贷人达成了一致意见，卖方和买方达成了一致意见。但在这个例子中，仅仅是当事人就交换不等价的事物达成了一致意见，此外并不能用符合逻辑的方式证明它是等价交换。

尽管如此，交换一旦成功就会传播开来，仿佛那就是等价交换一样。不得不说，所谓货币的暴力性在于一种持续制造出幻想的魔力，幻想本来并不等价的事物是等价的，并且等价关系会持续存在。

《威尼斯商人》解开了等价交换等于货币交换的谜题，把赠予交换的世界和其放在一起比较。由此就判断莎士比亚持批判货币经济的态度，否定货币社会产生的背景，并把不同社会关系的背景与它比较，未免是贸然下了断定。戏剧作家只是把与货币经济对照的有关交换的故事作为插曲加进了故事里。在我看来，倒不如说赠予经济的失败孕育了货币经济，货币经济的失败使赠予经济重生，两种不同的经济成为推动时代发展的根本动力。

莎士比亚改编出了这样一个有趣的故事：贝尔蒙特的美丽女性鲍西娅赠送给巴萨尼奥的戒指（象征鲍西娅的信物），被再次赠送回装扮成法官的鲍西娅。巴萨尼奥通过安东尼奥赠送的金钱获得了鲍西娅的爱情，但他犯了一个错误，把妻子赠送的象征她的戒指当作感谢的礼物赠送给了法官这一第三人。

可以看出，夏洛克坚持等价交换失败了，巴萨尼奥在与安东尼奥和鲍西娅的赠送交换中失败了。二人为何失败了呢？因为事情发生在等价交换与赠予交换共存的自由城市威尼斯。之所以犹太教教徒、基督教教徒、贵族、商人、富豪和穷人都会集在威尼斯，是因为无法在以往封闭共同体的价值观中生存的人们可以在威尼斯生存下去，而这又创造了新的封闭共同体。（抱歉，可能比较复杂，但这种双重性正是推动历史前进的根本动力。）

在封闭共同体中，联系人与人的是友爱，是信用，是共同体的规章制度。但在威尼斯这座城市，不仅存在单凭货币就可将人与人联系起来的孤立型共同体，还同时存在许多关联型共同体。如果贯彻等价交换式的孤立型价值观，各宗教共同体中的友爱世界将会崩塌；如果贯彻赠予交换式的关联型价值观，威尼斯这座自由城市将会崩坏。

两个相互排斥却又同时相互需要的价值观之间的矛盾，正是潜伏在这个故事深处的主题。

为了推动故事的发展，《威尼斯商人》中必须设计三个立足于不同世界的人物。巴萨尼奥代表赠予交换的世界，即以基督教式的友爱和信任为基础的共同体；夏洛克代表等价交换的世界，即以犹太教法规为基础的主张金钱合理性的世界；还有安东尼奥这个进行个人投资，同时为了巴萨尼奥可以付出生命的商人。

除了人物之外，还有被各种事物需要、需要各种事物的舞台，即不孕育任何事物的威尼斯。威尼斯确实率先进入了世界今后将要走上的新时代。在这个地方，等价交换需要赠予交换，赠予交换也一定需要等价交换。

正如借助两个焦点可以画出椭圆一样，当下我们生活的世界也是通过两个焦点形成的，如果把世界归结为只有一个焦点的正圆，那么这个世界就会失去"缝隙"，走向崩溃。我在《21世纪的椭圆假想论：所谓生活哲学》（三岛社）一书中展开了相关考察，欢迎感兴趣的读者阅读此书。

"不毛之地"上的自由与繁荣

回到原来的话题，价值、信用、等价交换是构成现代资本主义的重要因素，我想说，可以换一种方式，把《威尼斯商人》解读为表现这些因素的故事。当然，这个关注的焦点完全偏离了批评文学和戏剧的观点，也可以说是牵强附会。

不过，这个故事确实发生在处于时代剧烈变动期的自由城市，发生在本身无法孕育任何事物的不毛之地，这一点很明确赋予了《威尼斯商人》与莎士比亚其他作品不同的意味。

不毛之地威尼斯比同时代其他任何地方都更呈现出一派繁荣的景象，因为这个地方通过用本来并不等价的物品，与欧洲外部世界交换产物，成了远距离贸易的据点，汇集了世界财富。立足于这一观点，可以说所谓的"商人"并不是指安东尼奥一个人，而是指诞生在不毛之地、成为以后世界核心的近代人。这个短短的故事里几乎汇聚了现代经济社会的所有标志术语，如投资、贷款、利息、信用，以及从差异中诞生的价值。

这时期出现的通过交换实现繁荣的理念和聚集在威尼斯的人们想出来的讲述投资与回报的故事，经过之后的500年向世界传播，并且席卷世界经济。

在1594年至1597年的短短三年时间内，莎士比亚创作出《威尼斯商人》。但如前文所述，这一时期世界因为开辟了远洋航线而发生了巨大变化，包括威尼斯在内的欧洲城市群一跃成为世界的经济中心。也就是说，同时期在农业、渔业、畜牧业等第一产业和家庭手工业这种第二产业之外形成了一条支路，即贸易（商业）这种新型产业形态，股份公司体系和资本主义也都诞生在相同时代，该时期是当之无愧的近代摇篮期。正因为这个时代是文明史上的转型期，近代才得以诞生，近代人才能够推动世界前进。

《威尼斯商人》问世后不久，荷兰和英国就为争夺殖民地霸权展开了激烈竞争，排头兵正是东印度公司。

第2章 东印度公司的成立

大航海时代的冒险商人

我在大学课堂上问学生股份公司的起源,多数学生都会答"东印度公司"。大概高中的课本就是这么写的,所以大家记得东印度公司是股份公司的起源。

如果我继续提问东印度公司的位置和业务,大多数学生就会回答不上来。如果提及东印度公司,他们脑海中只能浮现现在的公司形象,那么其实相当于对此一无所知。几乎没人给他们展现过东印度公司的具体形象,如创建者、经营业务和起到的作用。

据平凡社出版的《世界大百科事典》记载,东印度公司词条的内容如下。

东印度公司是在荷兰的东印度殖民地垄断殖民地管理与贸易的公司。荷兰进军东方市场，比西班牙、葡萄牙约晚1世纪，始于1595—1597年霍特曼的航海经历。受霍特曼回国的影响，荷兰国内一窝蜂地成立了许多航海公司。1602年3月，因为过度竞争无法赢利，荷兰联邦议会决定创建东印度公司联盟。因此分散在荷兰的阿姆斯特丹、恩克赫伊森、荷恩、鹿特丹、代尔夫特、米德尔堡6个地方的独立公司被合并，各个公司改名为东印度公司分部。英国东印度公司的成立虽比此约早2年，但本金还不足荷兰公司的1/10。由于前者残留了每次航海前发行债券的临时公司的特点，所以荷兰东印度公司被人们普遍认为是世界最初的股份公司。荷兰东印度公司的董事会保留了合并前各公司的72名董事，慢慢减到60名，在此基础上设置了17人董事会的高管会议。

据这一描述，人们普遍认为股份公司的起源是荷兰东印度公司，英国东印度公司是类似于每次航海前集资的临时公司。关于其中的区别，我会在后文阐述。在这里，我想先简明扼要地介绍那个时代（16世纪）的氛围。

20世纪后半叶的著名经济史学家隆多·卡梅伦与欧洲经济史专家拉里·尼尔的著作《世界经济简史Ⅰ》[①]，生动地描写了东印度公司诞生后的时代风貌。我想暂且参考这本书简单介绍一下大航海时代。

在大航海时代，葡萄牙人和西班牙人横渡大西洋，开启了支配

---

① 隆多·卡梅伦、拉里·尼尔：《世界经济简史Ⅰ》，速水融监译，东洋经济新报社2013年版。

从南非绕非洲南端去往亚洲这条航线的时代。在此之前，15世纪初期，中国明朝的郑和也曾率大型船队到访马六甲半岛。

阿拉伯人虽然曾掌握中世纪的印度洋贸易，但并未发展为真正的殖民地争夺。我们要注意，赋予大航海时代发展可能性的指南针、航海图（印刷术）、火药都起源于中国。即便如此，中国和伊斯兰世界的奥斯曼帝国都不曾掌握世界的经济霸权。理由是什么呢？我假设理由之一为没有股份公司这一"法人"，但先不急于得出结论。

15世纪以前，西班牙和葡萄牙都不在欧洲文明的中心。但自从1501年，瓦斯科·达·伽马带着让阿拉伯人中止与红海和埃及方面开展贸易的指令回到印度，贸易的霸权转移到葡萄牙，因为葡萄牙控制了贸易航线。《威尼斯商人》的故事舞台威尼斯共和国和东方强国奥斯曼帝国，虽然都以地中海为中心争夺过海洋贸易的霸权，但最早远洋航线的主角是葡萄牙。这归功于瓦斯科·达·伽马的想法，他是一位具有冒险精神的商人。

关于瓦斯科·达·伽马的人物形象，并没有特别详细的信息。葡萄牙王国苦于财政困难之时，探险家瓦斯科·达·伽马从国王那里接到了开辟新航路的指令。之后，葡萄牙经历了几场海战的胜利，成功将印度洋的控制权收入囊中。

西班牙虽然落后于葡萄牙，但由于他们将从加勒比群岛原住民那里得来的掠夺品，大量销往北佛罗里达至南美大陆，因此在这些地区拥有强大的影响力。西班牙也拥有了其他航线的霸权。

与此同时，荷兰活跃于波罗的海区域的贸易中，计划开发不经过非洲就能到达印度洋的贸易路线。其后，借着从西班牙独立的机会，1602年，荷兰共和国政府、阿姆斯特丹市及一些私人贸易公司，为了合法垄断印度与荷兰间的贸易路线，成立了荷兰东印度公司，旨在控制进军海洋获得的殖民地。

兼具"暴力"与"财力"的东印度公司

在好望角以东，东印度公司被赋予了诸多特权，如条约缔结权、军队交战权、殖民地管理权等，是重商主义的象征。

东印度公司虽然是家公司，但掌握海洋霸权。因为要从非洲和亚洲掠夺财富，所以还具有军事组织、政治组织的特点。可以说，东印度公司是一个用权力源泉——暴力和财力——武装起来的组织。后来为了用武装船队垄断航路，东印度公司在国家级别的经济战争中自然而然地发挥了排头兵的作用。因此人们认为东印度公司是股份公司的开端，同时也是帝国主义的先锋。

几乎与荷兰东印度公司同期，英国、瑞典、丹麦、法国都成立了东印度公司。这些东印度公司常常为了争夺殖民地的经济权利发生冲突，每次都会因此扩张军备，后来发展到需要投入资金用于控制地区的防卫装备。这样一来，军备越扩张，资金就越困难。尽管如此，如果不投入大量的资本用作军备费用，就无法赢得这场军备扩张的战争。

东印度公司的实际业务，仅仅依赖低成功率的贸易，但这些利润也因为董事的私欲和散漫的经营被消耗殆尽。于是为了延续公司，需要不断募集资金，除了发行股票从外部筹集，别无他法。为了让以商人为中心的投机者能爽快地投资股票，有必要保证即使公司出现亏损，股东承担的损失也不会超出投资金的额度。这就是所谓的股东的有限责任制，因此东印度公司被称为今日的股份公司的原型（股东的有限责任制正是股份公司的关键，也是力量的源泉，详细内容我随后说明)。

所谓大航海时代，是指围绕海上交通的霸权争夺与新航路开辟的时代。考虑到这个时代发生的事情，从根本上改变了其后世界的国家版图和商业情形，这个时代也被称为世界范围内的商业革命时代。

当初葡萄牙和西班牙虽掌握着远洋航海的霸权，但配有强大武装船队的荷兰与英国的东印度公司很快便重新夺回了霸权。意大利、奥斯曼帝国、西班牙、葡萄牙、荷兰、英国的海上霸权争夺战，是由伟大的新航路的发现与海战构成的。由于这不是本书的主题，因此仅简单介绍轮廓。不过我想先告诉各位读者，远洋航海时代是历史上最重要的转型期，那之前的工业与商业活动的开展区域局限于当事人所在地，且以第一产业为中心，后来发生了巨大改变，逐渐扩大至全球范围。这几乎等同于资本主义的开端或者说是全球资本主义的开端。而令人意外的是，全球资本主义的开端看似是其相反概念——帝国主义的开端。

股份公司的灵感起源与早期形态

股份公司是从公司外部募集资金的组织，在16世纪后半叶已经可以看到它的早期形态。

股份公司以前的形态，在英格兰、荷兰、意大利、德国具有不同的色彩。以前采用的一般是家族经营式的私人企业形态，由经营者提供全部资本。如果需要更大规模的资本，就基于合作制临时联合资本，或者采用从商人基尔特派生出来的行会制度等方法。

中世纪的基督教教会把教会法规定的属于教会的圣俸和阶位委托给本来没有资格的教区里的神职人员，这种委托契约叫作教会法康孟达契约（Commenda）。后来，这种契约即向第三方委托物品或人的契约，也在商业中被引用，并发展为资本借贷契约（即商业康孟达契约）。

商业康孟达契约有两种形式，一是贷方在自己承担风险的基础上委托交易的商人使用自己的资金，二是进行交易的商人互相投资。在中世纪意大利的自由城市，投资索塞特的职能资本家承担经营的无限责任，有破产的风险。为规避风险，他们采用了每次航海清算一次的合同方式，即每次进行航海贸易时签订一次性契约，下次航海再签订新的契约。

人们认为在《威尼斯商人》中，安东尼奥在贸易船赌上全部财产的出资方式，大概是基于委托交易商人使用资金的康孟达契约（有限责任）。所以即便航海失败，也只需要承担出资范围内的责任。如果安东尼奥作为职能资本家投资了合伙公司性质的行会，船只航海失败的时刻，他一定会变得身无分文，甚至可能失去贵族的阶级地位，因为他负有无限责任。这样的话，即便夏洛克不要求拿1磅肉作担保，也能够通过目睹安东尼奥的投资失败一解多年的心头之恨。

实际上，夏洛克提供的贷款并非以利益为目的，他只是为了发泄自己对安东尼奥多年的仇恨。正因为如此，他没有要求通常来说应该获取的利息，而是要求搭上安东尼奥的性命。安东尼奥的性命没有任何金钱价值，这点是不言而喻的。

> 那个男人，曾经羞辱我，妨碍我能赚五十万的生意，笑话我亏本，讥讽我赢利，蔑视我的民族，阻挠我的生意，给我的朋友泼冷水，给我的敌人煽风点火。为什么？因为我是犹太人啊。

（中略）难道犹太人没有眼睛吗？没有双手吗？没有内脏、五体、知觉，没有感情、热情，一无所有吗？①

夏洛克的话语透露出，这是犹太教教徒赌上生存的斗争，面对已经形成通过投资获得财富这种方案的基督教教徒，犹太教教徒只能作为个体，借从异教徒那里收取利息积攒财富，除此以外别无其他生存方法。对于在收复失地运动中被逼到走投无路的犹太教教徒，以及相邻大国的土耳其人伊斯兰教教徒来说，那些身份有保障，通过投资积累资产的基督教教徒是不可接纳的成功者。

话说回来，在康孟达这种契约以外，自罗马时代起，就存在多名当事人为了实现相同目的，共同提供资金的行会形式，人们会根据不同目的组建各种行会与索塞特（Societas）。有征税承包人的行会税官公会（Societas Publicanorum）、海上贸易公司契约海邦（Societas Maris）等。在江户时代，日本也存在同行一起建立的临时联合企业和以股东为基础的临时行会企业，与索塞特几乎相同，但没有发展成有限责任制的股份公司形态。

上述康孟达契约与索塞特在融合变化的过程中，发展为合伙公司与两合公司这两种不同的企业形态。围绕企业形态发展的过程，桑巴特提出双轨论，即索塞特这种临时公司发展为合伙公司，康孟达这种契约方式发展为两合公司。另外，大塚久雄认为康孟达这种契约方式原本就包含在索塞特中，二者间并无本质差异，因此提出假说，家族共同体发展为合伙公司，后来又发展为股份公司最初的

---

① 威廉·莎士比亚：《威尼斯商人》，福田恒存译，新潮文库1967年版。

形态麦格纳索塞特（Magna Societas）。本书并不打算深入讨论复杂的企业形态论，读者只需对自罗马时代起，多种行业已经存在临时行会性质的体系这一内容留有印象即可。

法律人格的起源——"神秘主体"

虽然为了说明资本与经营分离的原委，我在前文中讨论了契约与组织的发展情况，但还是留下疑问："法人"（假想人格或法律上的人格）这一设想最初从何而来？如前所述，康孟达契约发祥于教会，那时教会共同体中是否已经存在具有人格特点的神的化身了呢？

我曾与伊斯兰法学家中田考谈论关于幻想共同体的问题，在此想与各位读者分享其中令人赞叹的内容。

众所周知，在伊斯兰法中，神与人类是直接面对面的，严禁偶像崇拜。但在基督教中，通过从第一次尼西亚公会议（公元325年）为开端的大公会议，认可了圣灵的神性，形成了神具有父、子与圣灵三位格的解释。流传到现在的三位一体说已经是绝大多数基督教教派的正统教义。

在教会法康孟达契约中，当教会把圣俸和阶位委托给第三方时，教会即可被理解为神秘的实体。

中田表述道："同面包是神的身体、葡萄酒是神的血液一样，因为认可圣灵的存在，所以教会被解释为神的身体的一部分。"

确实，读《圣经》就可以发现，圣保罗在《以弗所书》中写道，教会是神的身体。

> 教会是基督的身体，这个地方充满了处于万物之中使万物

完整的基督。①（《新约圣经》以弗所书②）

所谓的教会是一个神秘主体（Corpus Mysticum），相信神秘主体是实际存在的事物这一观点支撑着三位一体说的根基。有人认为神秘主体正是法律人格（公司和国家等）的起源，这种想法值得考察。当今社会，有公司至上主义这种说法，也处处可见个人为了公司作出牺牲的事例，但这些现象也表现出公司仿佛是一个员工必须保护的实体，由此可以推导出公司神格化的结论。现在的公司或许延续了教会作为神秘主体和偶像的那一时代的观念。

为了把公司从临时行会变为拥有法人资格和永存形态的组织，有必要赋予它像教会一样永存的实体（即神秘主体）的地位，而不仅是应付一时的集会。更重要的是，神秘主体的价值观有必要凌驾于个人的价值观之上。关于这个问题，吉本隆明展开了绝妙的分析，他认为对性感身体的幻想（即相对幻想）与共同幻想的价值观是颠倒的③，但即使是在现实世界中，我们也多次见到个人为了公司的存续而牺牲的情况。

如果没有法人的概念，就无法从原理上想象出可以作为法人的国家和公司。擅长航海技术的伊斯兰世界为什么没能创造出东印度公司这样的事物与英国和荷兰对抗呢？大概没有法人概念是一个重

---

① 据汉语圣经协会官网，这句话在《新约全书》新汉语译本中被翻译为："教会是他的身体，是他的丰盛完满；他就是那位以各样方式充满万有的。"英王詹姆斯版本为："Which is his body, the fulness of him that filleth all in all."——译者注
② 《新约圣经》，日本圣经协会编著，2015年（Kindle版）。
③ 吉本隆明：《吉本隆明著作全11——共同幻想论》，劲草书房1972年版。

要原因（关于这点将在后面的章节中仔细论述）。

持续大量募集资金的机制

在英国，商人基尔特这一行会组织（规约公司），与其发展后的形态，即统一各公司资本、设置董事会的合股公司（Joint-Stock Company），经过发展变成了东印度公司（引用大塚的说法，即出资者直接向索塞特企业出资）。

我们再回到股份公司的起源这一话题。基于康孟达契约得以运营的热那亚和威尼斯的公司虽然占有了地中海贸易，但到了远洋航海的时代，荷兰在联邦议会的要求下，联合以及合并了几家早期公司，后来也发展为东印度公司。（大塚久雄认为，索塞特企业里有接受匿名康孟达出资的成员，这就是荷兰公司的原型。）

无论是哪种情况，需要占有如此庞大资本的公司，其目的为掌握东印度航线的霸权，以确保与印度、东南亚的排他性掠夺贸易。仅凭这些事实我们就可以得知，拥有作战力、条约缔结权和排他性特权的东印度公司，与现代的股份公司不能相提并论。不过，因为这些公司的资金募集机制与股东的赋权方式，为现代的股份公司奠定了基础，所以人们认为东印度公司是股份公司的起源。

公司这一实体，为了经营事业当然需要资金。大规模公司不仅需要设备、资金，它所需的流动资金、人力费用等都是私人公司不可比拟的。但具备怎样的条件才能大规模募集资金呢？索塞特或合股公司通过怎样的魔术才变身为现在的股份公司呢？从结论来说，这个魔术正是股东的有限责任制。反过来说，无须对企业负责，通过投资能获取利润的体系诞生了。后来，股东的有限责任制和与之相伴的股份自由买卖，发展为股份市场、期货市场，给公司带去了资金，给生产者带去了通过期货交易保证收入的这种风险对冲（Risk Hedge）的做法，还给投机者创造了绝佳的赚钱机会，可以说它具有魔术一般的功能。

在发生了某种能保证经济持续超高速增长的革新时进行大量生产，商品会立即在市场中被交易，可以确保庞大的利润。当然，这一过程也离不开中产阶级的抬头，他们具有强烈的必需品购买欲。指南针与航海技术等发明和其后的远洋航海贸易就是巨大的革新。

拉动经济持续增长的革新，市民强大的消费欲，恰好可以满足这种需求的生产力，当这三个要素都具备时，就会形成一个大型市场。

为了满足大型市场的需求，需要大规模且长久存续的企业主体。为了成立并经营大规模且长久存续的公司，就需要大规模的设备投资，仅凭募集资金能力弱的合作伙伴和不能持续的临时的合股公司（Joint-Stock Company）是不足以应对的。

通过持续大量募集资金的机制，造就牢固的经营基础，是当时的绝对君主制国家集群，为了积累财富而创造东印度公司这一新公司形态的理由。

为了持续募集资金，转让股份的体系必不可少，即股东能够向新出现的投资者自由销售股份，从公司脱离。这种行为同时会创造出新投资者进入市场的机会。然后，它必然会为与公司事业创造的实物市场分离的股票市场的诞生打下基础。

可以说，现代股份公司的几大必要条件（即资本与经营的分离、股东的有限责任制、股份的自由转让）的框架至此已大体形成。

接下来，由于股份公司这一"法人"的诞生，商业不再仅限于是"人类一生中的事业"，它逐渐发展成具有保障的、可以"持续经营（Going Concern）"的活动。

放纵欲望创造历史

关于这期间的历史，《世界经济简史Ⅰ》里有以下描述：

16世纪后半叶，除了中心市场（Staple）商人行会、冒险商人行会，英格兰人还成立了许多得到国王垄断贸易特许状的公司。比如威洛比和钱塞勒远征的附带产物莫斯科公司（1555年）、西班牙公司（1577年）、东方（波罗的海地区）公司（1579年）、黎凡特（土耳其）公司（1583年），一些最初的非洲公司（1585年）、东印度公司（1600年）、法国公司（1611年）。（中略）

这些行会中既有采取规约公司方式的，也有合股公司（股份公司），也就是把成员的出资联合起来，作为共同经营的资本使用。远距离贸易就使用了这种方法，因为在远距离贸易中，一次航海伴随的危险和航海所需的资本数额，超过了一人或几人能够预备和分担的额度。当初莫斯科公司和黎凡特公司虽然是以股份公司的形式被组建起来的，但在贸易对象增加，比以前更稳定之后，它们成为规约公司。经由阿尔汉格尔斯克进行贸易的莫斯科公司，在1649年俄罗斯皇帝从英格兰那里获得特权渡往荷兰之前，基本掌握了与西欧和北俄之间的贸易。东印度公司也采用了股份公司的方式。当初每年一次的航海是作为独立事业分别推进的，股东每年由不同群体构成。不久后在印度设置了永久据点，产生不断监督业务的需求后，东印度公司开始采用股东只要向其他投资者卖出所持股票就能脱离公司的持续性组织方式[1]。

上述描述中出现了合股公司、股份公司等用语，亚当·斯密在《国富论》中有以下定义：

> 若这些公司不基于合股制度（Joint Stock）进行贸易，允许所有具备合适资格的人，在支付一定金额的入社资本、约定遵守公司的规约（Regulation）的基础上加入公司，且各员工必须认同基于自己的资本和承担的风险进行贸易，采用这种机制的公司则被称为规约公司（Regulated Company）。若公司基于合股制进行贸易，各员工按个人出资占总资本的比例承担共同损益，这种情况下则被叫作合股公司（Joint-Stock Company）。[2]（《国富论》第五篇第一章）

这里亚当·斯密所说的规约公司，与在欧洲十分普及的同业行会（Corporation）属于一个类别。也就是并非一家公司，而是多家公司在每次有航海计划时合办的行会，这一机制的目的是均分每次航海获得的利益。由于这种做法下企业的持续性没有保障，于是诞生了合股公司，即合并多家公司资本组成一家公司。

不管是规约公司还是合股公司，它们并不具备原本意义上的股份公司的必要条件。这一阶段，英国的合股公司（Joint Stock

---

[1] 隆多·卡梅伦、拉里·尼尔：《世界经济简史Ⅰ》，速水融监译，东洋经济新报社2013年版。

[2] 亚当·斯密：《国富论》，大河内一男监译，中公文库1978年版。

Company）尚未完成股东的有限责任制；荷兰东印度公司不举办民主大会，仅由核心董事集体进行专制经营，从这点来说依旧尚未发展为股份公司。

因此把这些公司称为股份公司是不正确的，正确的叫法应当是股份公司前形态。

最应该注意的一点是，这些公司的实质与现在的股份公司大不相同。这些公司被授予在国内具有排他性经营权的特许书，与此同时，把商业资本和专制国家的权力串通一气，在南美、印度、美国等地殖民地化的过程中这些公司起到所需的军事作用。

令这些公司变得更接近现代股份公司的契机是清教徒革命——克伦威尔率领的议会军攻破了保王军。应当说，在清教徒革命后昙花一现的共和政体中（10年后王政复辟），慢慢确立了东印度公司的股东有限责任制。

莎士比亚创作《威尼斯商人》的时期（1594—1597），是以地中海贸易为开端的大航海时代的黎明期，也就是股份公司的摇篮期。而《威尼斯商人》的主人公之一安东尼奥正是象征这个时代的一名投资者。一般来说，他应当作为规约公司的财主，在远距离贸易以外也会分散投资。但在故事中，安东尼奥因为投资的船在暴风雨中沉没而失去了所有财产。如果他像当时的常见投资者一样分散投资，对冲风险，就不会失去所有财产。莎士比亚为了赋予他失败的投资者这一设定，让他赌上了全部财产去投机。他投资了什么样的公司或者行会，无法从戏剧中推断，但可以窥知，这个时代已经存在安东尼奥所做出的这种不明智的投资。

那么莎士比亚描写投机的风险了吗？

当然没有。

故事的走向是，投机失败的商人安东尼奥陷入还债危机（还有生命危险），后来被朋友们机智地解救了。

故事里描写了这样的现象：生活在等价交换（存在投资失败的风险）与赠予交换（回避了投资失败的风险）对立的世界中，人们不可避免地会倾向一方，而不是把握二者的平衡。这种不可避免的行动的动力正是人类的欲望，莎士比亚非常有趣地描写出放纵欲望造就历史的观点。

人类的欲望会创造出多么疯狂的世界，《威尼斯商人》出版100多年后，将欧洲中心世界引向极度混乱的南海泡沫事件和法国的密西西比公司的泡沫崩溃事件是对此最清楚的回答。

在英国上演的革命戏剧中可以看到，从克伦威尔率领的议会派获胜并建立共和政体的清教徒革命，到国王卷土重来的王政复辟，再到后来发生的光荣革命与颁布《权利法案》，这期间东印度公司也完成了本质上的变化。

南海泡沫事件

股份公司的历史确实开始于东印度公司时代，但这段历史谈不上一帆风顺。在东印度公司接连成立，人们普遍了解股份公司基本要素将近100年后，伦敦交易巷（Exchange Alley）里出现了一家臭名远扬的咖啡店。这里每天都有关于赚钱的密谈，聚集于此的股票经纪人（Jobber）投机式地出售股票，仅在1690—1695年的短短几年时间内就买卖了93家公司的股票。但1698年仅剩下20家公司，许多投资是针对很快倒闭或无实体公司的诈骗性投资[①]。

1711年，南海公司（South Sea Company）成立于英国，它所引发的事件（南海泡沫事件）的来龙去脉，清楚地刻画了股份公司的可能性与危险性，其中具有的教育意义即便在当下也不能忽视。

原本发端于1688年的光荣革命。当时专制君主——天主教教徒詹姆斯二世强行推行复古政策，与议会处在了对立面。议会方拥戴新教教徒詹姆斯的女儿玛丽二世与她的丈夫荷兰总督威廉三世，企图驱赶詹姆斯二世。詹姆斯二世孤立无援，不得已踏上逃亡之路，威廉三世就任英格兰国王。就任国王的威廉三世为了改变专制政治，发布了《权利法案》强调议会的决策地位和法律的统治地位。由于这场政变的成功，被专制君主压迫的人们获得了极大的解脱。《权利法案》的发布也成为现在的议会民主制、君主立宪制的开端。至此，王政复古的专制与天主教教徒强势占据统治地位的体制走向崩溃。

戏剧《威尼斯商人》的结局是，犹太教教徒夏洛克改信天主教。夏洛克作为放高利贷、理性主义、等价交换的化身，虽看似被旧体制基督教共同体打倒了，但天主教的统治体制经光荣革命后已经开始动摇。

夏洛克是象征金钱理性主义和等价交换的犹太教教徒，巴萨尼奥是象征共同体信任和赠予交换的基督教教徒。游走于这二人之间的商人安东尼奥，后来的命运怎样呢？

---

① 乔尔·巴肯：《公司》，酒井泰介译，早川书房2004年版。但这部分的原新闻素材来自Hadden, Tom., *Company Law and Capitalism*, London: Weidenfeld & Nicolson, 1972, p. 14.

在欧洲，基督教式的友爱共同体开始占据统治地位，凭借金钱理性主义下的贪婪孕育出的股票交易而一夜暴富的梦想破灭，梦想破灭的也包括改信基督教的夏洛克。这种梦想随着以贯彻工匠伦理的当地生产业为主体的中世纪陷入长眠了吗？我们知道并非如此。欧洲经历了无数个夏洛克的为所欲为，经历了货币经济的爆发式发展。

岩井克人在《威尼斯商人的资本论》中讽刺了这段历史。

> 如果利润诞生于差异，差异就会因利润而消失。也就是说，利润的存在会扩大远距离贸易的规模，缩小商业资本主义的利润源泉，即地域间的价格差异。它促进产业资本的积累，缩小利润的源泉，即劳动力与劳动产物之间的价值差异。它带来新技术的模仿，缩小革新企业的利润源泉，即现在价格与未来价格的差异。以差异为媒介即意味着将消除差异。因此，所谓的资本主义必须常常寻求新的差异，寻求作为新的利润源泉的差异。可以说，必须永不停歇地运动。它是真正意义上的"动态"经济机制。[①]

岩井所说的"永不停歇的运动"，最初点燃的可能是光荣革命。威廉三世制定的《权利法案》确定了议会的权力，向议会输送代表的团体有世袭贵族、乡绅（Gentry，即下层地主）、富商、专职人才、朝臣，等等。即便那是统治者导致的主导权之争的结果，但革命就是革命，不管是什么样的革命，都会引起人们的狂热反应。我们眼前的世界正处于风起云涌的情形，而当世界风起云涌之时，

[①] 岩井克人：《威尼斯商人的资本论》，筑摩学艺文库1992年版。

正是利用商业广进财源的时机。

战争的关联产物——银行券

在那样的狂热状态之中，人们在17世纪90年代创立了许多股份公司。在前文提到的交易巷里，无秩序地出现了大量以投机为目的的股份公司。关于其中的经过，大卫·格雷伯在名著《债》中留下了这样的描述。

> 从一六九四年创立英格兰银行开始，人们才可以讨论真正意义上的纸币。因为银行券绝不是各种政府债券的证明，和其他所有票据一样，这些也基于国王的战时债务。这一点怎么强调都不为过。它们已经不是对国王的负债，而是国王本人的负债，这一事实使得这种货币与之前的货币大不相同。在多种层面上，银行券是以前货币形态的镜像。
>
> 为了解释创立英格兰银行的原因，就不得不提到伦敦和爱丁堡的四十名商人（其中大部分已经是国王的债权人）组成的协会为了支援反法战争，向国王威廉三世提供了120万英镑融资。他们说服了国王，作为回报，允许他们组成垄断银行券发行的股份公司，银行券事实上是国王欠他们（向他们借）的金额的本票。这就是世界最初的独立国立中央银行，它成了小规模银行间交易负债的票据交易所。这种票据不久就发展为欧洲发行的国家纸币[①]。

[①] 大卫·格雷伯：《债》，酒井隆史监译，高祖岩三郎、佐佐木夏子译，以文社2016年版。

银行券是国王还贷的本票，想必所有人都会对这一出人意料的想法感到惊讶。货币是以前的货币形态的镜像，这一揭示也实在令人瞠目。

格雷伯的货币论从旁印证了现在广受瞩目的现代货币理论（MMT），我们将在其他章节讨论货币论的详细内容。不过先请大家注意，垄断银行券发行的股份公司是作为还军费贷款的担保而诞生的，所以银行券（货币）从最开始便与战争（军费）有所关联。

从奴隶贸易公司到金融公司

英法间围绕西班牙王位继承人的争夺而引发的西班牙王位继承战争（从1701年开始持续了14年），以英格兰的胜利宣告终结后，狂热气氛在各地蔓延，引起了投机金融潮。混乱与革命都是秩序紊乱的结果，同时也促使新秩序产生。在这样的氛围中，很可能出现飞黄腾达和一击反转的运气，恰好那时诞生的股份公司成了以人生为赌注的豪赌平台。

在这个过程中，南海公司引起的泡沫仍是一起几乎脱离了常态的事件。

南海公司最初是被赋予垄断与西班牙帝国的贸易权的敕许公司。托利党的领导者（时任财务部部长罗伯特·哈利）在按照《权利法案》组建的议会中占据核心地位，他计划让公司承担一部分为了募集军费而发行的国债。转移国家欠款的同时，赋予公司股票证券的发行权利及贸易的垄断权。作为国王欠款的还款票据而起用的货币，在此实际上采用了发行股票的形式作为国家欠款的还款票据。这一时期的安妮女王与罗伯特·哈利的关系、议会和王室的关系，从现代日本来看几乎无法了解。

2018年上映的爱尔兰、美国、英国合作拍摄的电影《女王陛下的最爱》（中译名为《宠儿》），是基于史实创作的，一定程度再现了当时的氛围。虽然这部电影是喜剧，不能成为史实参考，但可以从中捕捉到一些当时的氛围。

开跑后的南海公司除了奴隶贸易，没有其他实际业务。它是个不稳定的企业，容易受到海难事故和国家间霸权争夺的影响。这个没有持续业务的公司，不久就陷入了业绩低迷的困境，经营走向恶化。

南海公司计划为摆脱困境发行奖券，这也是自股份公司设立之初便埋下的赌博性机制的变化形态。该方式奏效后，南海公司摆脱了经营困境。于是南海公司从原来的奴隶贸易公司变为金融公司，与英格兰银行展开了金融霸权的争夺战。后来，在上缴大量钱款后，南海公司获得认购国债及发行股票的权利。

南海公司有权利发行与国债总额相当的股票。对南海公司而言，印刷股票等同于印刷金钱。由于和国债的交换并非按照面值交换，而是按照股票的时价交换，股价上涨，手里的国债就会增多，而这也会再提高公司股价。疯狂购买南海公司股票的主要是投机热里浮现的新兴资产阶级，所有迫切想要投机的人购入南海公司的股票，导致股价被抬高。股价高涨与奴隶贸易下的商业实际业务渐行渐远，脱离实际业务持续上涨的股价正如虚幻的泡沫。

同期，在欧洲大陆上，怪杰约翰·劳模仿了南海公司的做法，于1717年设立了密西西比公司，这家公司拥有同法国的占领地密西西比的垄断贸易权。1719年，密西西比公司获得了法国的发钞权，甚至还有征税承包权。因此通过实现用本公司印发的货币收税，货币的信用得到了保障。这使得密西西比公司的股价上涨，约翰·劳计划使用发行股票募集到的资金承担法国国王的全部债务，借此用低利的新债偿还旧债。

南海公司看到这个后发公司的做法后，计划像其一样，把英国的国债转换为南海公司的股票，从而抬高股价。

无论是哪一家公司，都通过交换国债和股票、提升本公司股票的信用、反复扩大资本，获得了巨大的利益。

公司虽迅速发展，但与实际业务不符的公司价值不过是像气泡一样的幻想。随着实际情形的明朗，幻想就会转瞬即逝。人类欲望制造出的幻影因实际情形而消失，这种现象是金融商业的常态，不论现在还是从前，都不曾改变。

"股份公司"东山再起

任何股票交易中都会有胜负之分，但泡沫及其崩溃引起的胜负事关重大，甚至可能动摇国家秩序。疯狂的南海泡沫崩溃后，英国国内接连出现破产和自杀的人，逐渐演变成了社会动荡。

结果，英国教会和英国议会以股份公司是诈骗和丑闻的温床为由，禁止了股份公司。英国议会制定了《泡沫法案》，在以后100多年间，除了经敕许的公司，不允许随意成立其他股份公司。从某种意义上说，这是股份公司在历史上的一次消亡。

股份公司的复苏需要等到工业革命（18世纪中叶至19世纪）。工业革命虽然是一场科技革新，但从改变了社会经济的根基这一点来说确实是一场革命。那之前的农业、水产业等第一产业的地位，因工业革命而被近代工业取代。

最初在英格兰，后来是在苏格兰，工业革命带来的运输工具的发展，蒸汽机带来的机械化等，使得前近代工业不可能实现的生产方式一个个变为现实。通过以化石燃料为动力的机器开始大规模生产，不仅提高了生产力，还从根本上改变了产业结构。蒸汽机的燃料实现了从木炭到煤炭的转变，引进这种蒸汽机也极大地提高了生产效率，把全体社会的经济基础，从以前的农业、畜牧业、渔业转变为工厂化产业。

对资本家和工厂主而言，生产力的提高和产业基础的转换是资本积累的重大机会。但为了将新型制造机器引入工厂，仅凭一个资本家的资金能力与以前基于合伙制的资本联合是不够的。在这种情况下，有必要复活能够从公司外部持续募集资金的体系。

前文提到的隆多·卡梅伦和拉里·尼尔提醒人们，工业革命这一表述可能会引起误解。说起革命，人们或许会联想到社会剧变，一夜之间世界天翻地覆。但在工业革命的过程中，英格兰和苏格兰发生的事情远比我们想象的要缓慢。

如已经说明的那样，在英国，由于股份公司出现之初的投机性债券投资热的反作用，法律规定，除了被特许的公司以外禁止成立股份公司（《泡沫法案》，1825年废除）。即使资本家想要募集大量资金，也因为被《泡沫法案》戴上了枷锁，而只能采用合伙制，联合筹集资本。虽然工业革命拥有的引爆力甚至可以在《泡沫法案》被废除之前就改变全英国的产业形态，但工业革命浪潮所需的设备投资太过庞大，当时并没有募集资金的合法体系可以解决这个成本。

于是，通过发行股票募集资金的方法重归于世。股份公司确实引起了投机现象，包含了导致泡沫危机的风险，但事实上没有其他类似的方法能在短时间内募集到大量资金。虽然过去股份公司让社会因泡沫危机而损失惨重，并引起了社会动荡，但后来人们开始期待股份公司发挥它具有的远远超过负面作用的正面作用。最后，政府废除了《泡沫法案》，新颁布了《合股公司法》，敕许制变为准则主义，只要满足必要的法律条件，就可以自由成立股份公司。修改这项法律的原因，显然就是工业革命的经济范式转移（Paradigm Shift）发挥了作用。

第3章 复式记账法的发明

延迟清算的时间差孕育出的发明

威廉·莎士比亚看出了因为当时的威尼斯是变化巨大的商业世界的中心，所以在这个地方，伦理和欲望、基督教和犹太教、赠予交换和等价交换等矛盾的价值观复杂地交错在一起。想必这是莎士比亚以远离英格兰的威尼斯为背景写下《威尼斯商人》的理由之一。

这些矛盾的价值观的相互竞争正是故事发生的土壤，同王室的继承斗争、因家世差异受阻的爱情故事等一样，是人类欲望引起的喜剧。作者的慧眼没有忽视人们对这种故事的疯狂热衷。

对兴起的商人阶级来说，威尼斯是经济的中心地带，相当于现在坐拥证券交易所的纽约、伦敦和东京等大城市。没有资源的不毛之地威尼斯为什么获得了这样的地位呢？

就像在第1章所说的，因为"在这种湿地里，小麦、谷物饲料和葡萄酒都无法生产"，所以有条件成为远距离贸易这一新商业形式的据点。除此之外，想必还有以下原因：威尼斯没有被土地束缚的农民，这里尽是经验丰富的商人；异教徒集结于此，基督教内部禁止的含利贷款可以在此自由进行。当然，金钱借贷伴有风险，人们也在想办法回避这些风险。因为在远距离贸易中，事前募集的资金只有在船只安全返港之后才能被回收，还款也会被延迟到那时候。延迟清算产生的时间差异成为孕育新金融商业的契机。利用汇价差异获取利益的金融技术在这一时期萌芽，最开始在城市、国家间提供不同货币的兑换服务的银行（意大利语banca）登上了历史舞台。

《资本主义简史》的作者于尔根·科卡在书中介绍了14世纪的阿拉伯历史学家伊本·赫勒敦的表述。

他认为，商业的真正意义就是通过"无论是奴隶还是谷物，抑或是动物、武器、服装，都低价买进高价卖出"，从而产生利益积累资本。知识分子、学者、顾问等在11世纪创作的各种著述中列举出了各种类型的商人应当具备的资质，包括能够预测未来的价格变动，了解关于其他各国的汇率与相对价格的知识，联系可以帮助预测并找出良好销售条件的可靠的经纪人和批发商，等等。①

敏于观察时代的商人们在积累资本时，除上述能力之外还不能

---

① 于尔根·科卡：《资本主义简史》，山井敏章译，人文书院2018年版。

缺少新型的记账方法，即用合理的方法完整记录延迟清算产生的时间差异。威尼斯账簿被认为是现在的复式簿记的原型，在它诞生的过程中，商品交易的变化产生了一定影响，商品交易从仅仅重复一次的等价交换活动变成了考虑到时间因素的期间性活动。因为有时从签订合约到清算需要很多天，有时会把一个交易分割成多次进行，关于这些正在进行中的交易，有必要进行损益核算，判断在某一时刻是否亏本。换言之就是需要一种记述方法，按照时间和场所分离的原则，用数字一目了然地记录发生的事情。

在这以前，人们也使用过像家庭收支账簿形式的会计记录，但复式账簿这种可以让人浏览某一时刻资本流转情况的系统，是在这一时代被开发出来的。

15世纪80年代，在位于佛罗伦萨的美第奇图书馆度过一段时光的数学家卢卡·帕乔利，以威尼斯为目标努力着，因为他想在当时因贸易实现繁荣的威尼斯出版自己的写作原稿。威尼斯是南欧出版业的中心。1494年，卢卡·帕乔利出版了长篇论文《算术、几何、比及比例概要》（又名《数学大全》），其中包括复式簿记相关记述。这篇论文详细说明计算与记录的簿记论仅有27页。里面有如下记述：

> 必须在一张纸或一个账簿里，记录持有的全部物品。最初记录的是最容易评估价值、流动性高的物品，如货币、珠宝和白银等，最后也记录个人所有物和不动产，等等。[①]

[①] 珍·格里森·怀特：《用资产负债表读懂世界经济史》，川添节子译，日经BP社2014年版。这里引用的括弧内的表述是怀特引自：Geijsbeek, John B., *Ancient Double-Entry Bookkeeping*, Osaka: Nihon Shoseki, 1975, p. 15.

我一开始对此感到惊讶，这里记载的内容几乎和现在的资产负债表的定义一模一样。帕乔利的发明是如此经久不衰，构建了资本主义的基础。

后来，航海技术、银行、复式簿记等，从根本上把经济基盘由此前的谋生经济变为了资本积累的经济。

复式簿记也得到了马克思、韦伯、熊彼特的高度关注

这种复式簿记的出现，不仅为威尼斯商人提高了便利性，还拥有了从根本上改变商业的力量。因为商人们借此可以一览自己的生意最终积累了多少利润、需要多少相应的成本、总资产达到了多少，这些也成为制定商业战略的依据，比如今后可以投资多少资本、如何节约可以累积更多利润等。

许多文献里都曾说明复式簿记引起了人们强烈的关注。我尝试以珍·格里森·怀特的《用资产负债表读懂世界经济史》（中译名为《记账游戏》）为参考整理这些记录。

丹尼尔·笛福于1719年发行的《鲁滨孙漂流记》中有这样的场景，漂流至孤岛的鲁滨孙为认识自己的处境开始写日记，然后用复式簿记的方法分左、右两栏记录自己的福祸，通过这种方法评价自己的人生。

> 于是我按照借方和贷方，把我经历的喜悦与痛苦最大程度地客观地记录下来：（中略）
>
> 总之，我列出的表清楚证明了这一点，在这世界上，无论

身处多么悲惨的境遇，都是祸福相倚的，都有值得感谢的地方。希望其他人能从我悲惨的境遇中汲取经验和教训。无论处于何种不幸，都会有些宽慰我们的事情，记录祸福的科目最终余额会在贷方。①

除了笛福，歌德也在《威廉·迈斯特的学习时代》中，借威廉友人之口说出了复式簿记的重要性。烦恼于是继承家业还是追求演戏梦想的威廉反驳了友人的话，友人如此回答：

> 朋友啊，你并不了解形式与内容是统一的，它们相互依存不可分离。有条不紊、条理清晰，会让人愈发想要省钱和赚钱。因现实状况困惑，漫无目的地做生意的商人，仿佛在黑暗中工作一般。②

仅就我的了解来看，日本的小说里几乎没有出现过资产负债表这个话题，或许有，但我不知道。欧洲的作品中出现这个内容时，没有停留在仅介绍资产负债表是种会计手法，还表现出它是合理主义精神的一个体现。

确实很难想象，思想家们会对资产负债表抱有极大的兴趣。

卡尔·马克思在与恩格斯的来往书信中，对这种记录方法表示出了强烈的关注，维尔纳·桑巴特、马克斯·韦伯、约瑟夫·熊彼特

---

① 丹尼尔·笛福：《鲁滨孙漂流记》，佐山荣太郎译，2012年（Kindle版）。
② J·W.歌德：《威廉·迈斯特的学习时代（上）》，山崎章甫译，岩波文库2000年版。

也都在著作里把这种记录方法定义为商业资本主义的基础。我想重新梳理一点，与指南针、印刷术、波特兰型海图作用并列的复式簿记的发明，确实是股份公司诞生的必要条件。如果商人资本不使用复式簿记分析资产账目，或许就不会出现资本主义的概念。

第4章
《国富论》与美利坚合众国的诞生

经济学的开端与美国独立

亚当·斯密在1776年写下了《国富论》。同年,还有一件事轰动了世界。1769年,詹姆斯·瓦特取得了用于蒸汽机的分离式冷凝器的专利权,与马修·博尔顿创办了合伙公司,在1776年开始了蒸汽机的商业生产和销售。

在这一年,欧洲之外发生了一件更让世界为之轰动的事。美国十三州在与宗主国英国的战争中获胜,宣告了美利坚合众国这一基于共和国理念的新国家的诞生。

对美国住民征税的宗主国英国,在这个时候还是以东印度公司为排头兵的重商主义、霸权主义国家。面对英国的殖民地统治方案

（贸易管制、不认可出席议会的代表权、强行征税等一系列针对殖民地的肆意妄为的政策），美国的爱国者选择追求独立，揭竿而起。托马斯·潘恩、本杰明·富兰克林、乔治·华盛顿、托马斯·杰斐逊等受启蒙主义影响的领导者挺身而出，呼吁从宗主国独立、建立共和主义国家，引领美国走向了独立。但在背后支持保王派的原住民（Indian）和非洲奴隶等人不得不移民至加拿大、西印度群岛或英国本土。卡尔·马克思断言，"资本来到世间，滴着血和肮脏的东西，是暴力与压迫的结果"[①]。美国的独立在马克思所说的资本主义的黎明期，是具有象征意义的大事件。

指南针、印刷术、波特兰型海图、复式簿记等诞生的"地理大发现时代"，其实也是列强为了统治还未被占有的新天地和掠夺财富争相打头阵的时代。列强不断采取暴力手段强取豪夺，尽可能地搜刮殖民地。在这个时代，西班牙、葡萄牙、英国、荷兰、瑞典、法国等君权国家，围绕印度、爪哇、西非的新天地相互争斗。

东印度公司曾争夺过印度、爪哇，西印度公司曾为确保奴隶来源争夺过非洲，但独立以前的美国与这些地区的情况有些不同。

最初入侵美国的是热那亚的著名航海家克里斯托弗·哥伦布及其一行人，之后英国人约翰·卡伯特将"新英格兰"殖民地化。1620年，被视为英国教会异端逐出国门的清教徒先祖移民（Pilgrim Fathers，英国教会独立派的清教徒）入侵后，同先来的殖民者——天主教教徒和印第安人——产生了敌对关系，满怀创建新天地理想的清

[①] 卡尔·马克思：《资本论1》，冈崎次郎译，国民文库1972年版。"如果货币（中略）出生时脸上沾染着自然的血污，那么资本来到世间，从头到脚，每个毛孔都滴着血和肮脏的东西。"

教徒逐渐扩大了势力。这些从西欧来的殖民者，经营着砂糖、棉花、烟草等农园，如果劳动力不足，就雇印第安人为奴隶。综观这一期间的世界进程，欧洲强国正处于文明发展时期，但被统治地区的住民则处于服从暴力与掠夺的痛苦时期。若按照上述资产负债表的思维来思考，一方的利益即另一方的损失，站在不同的角度会呈现出不同的评价。

即便在现在，印第安人也会针对"哥伦布纪念日"和"清教徒先祖移民感谢日"举行抗议游行，诉说这段不平等的历史。

这场欧洲列强发动的新天地争夺战，经历了西班牙王位继承战争、法国—印第安人战争、七年战争，直到1763年英国胜利，改写了世界版图。欧洲列强的18世纪是一部战争史，可以说没有战争的影响就没有股份公司和金融的发展。

前文提过的德国历史学家于尔根·科卡在《资本主义简史》中写道："1500年前后，欧洲列强控制着世界上约7%的土地，但1775年前后已扩大至35%。"[1]

英国的殖民地政策采取了对美国征收重税的形式，但迁居至此的英国清教徒子孙采取了与此相反的做法。英国本土打算武力镇压，十三州的住民组织了以民兵为核心的革命军，与英国本土的军队对决。法国支援了革命军，提供了武器和补给物资。

虽然美国的独立战争当初呈现出英法争夺殖民地的代理战争的特点，但对十三州的民兵来说，这是一场针对宗主国英国的革命运动。因此在"革命"中胜利后，"革命家"（爱国者）们没有以援助独立战争的君主专制国家法国为范本，而是宣告成立新世界（1776

---

[1] 于尔根·科卡：《资本主义简史》，山井敏章译，人文书院2018年版。

年美国独立)。所谓新世界，就是作为共和国的全新国家，是基于那时繁荣正当的启蒙主义的影响而构想出来的，它的管理者是人民的代表而非君主。

考虑到这样的历史背景再去读亚当·斯密的著作，或许就能领会到书里不仅批判了重商主义，还体现出针对殖民地的工人、迁居的新教徒和大英帝国带来的无穷无尽的战争的理解等。或许还能领会出作者虽然了解以市场原理为宗旨的资本主义的问题所在，但作为资本主义的拥护者仍写下该书的部分理由。因为不管其中有多少缺点，比起以扩大版图为目标的专制君主来控制和管理，还是将控制权交由任何人都无法控制的市场更为妥当。但因为现实中英法之间战争不绝，而且俄罗斯、西班牙、瑞典等国家也参与了战争，在这样混乱的国家关系中，通过自由市场的调节功能实现自发性自由贸易的观点太过乐观。当然，亚当·斯密对于这点肯定了然于胸，他提出了另一个可以对抗国家约束的范式。

重商主义与市场主义的"共犯关系"

我在前文中曾说明，在东印度公司所处的时代（17世纪），极度盛行掠夺性商业行为，逐渐形成了现在的股份公司和金融的基础，但亚当·斯密批判了这个时代的重商主义范式。这点与他本身不是英格兰人而是苏格兰人有关系，因为他能接受到在专制君主行使控制权的英国周边涌现出来的启蒙主义的影响。他一边做苏格兰贵族的家庭教师，一边在法国、瑞士游历，与启蒙思想家伏尔泰和重商主义者弗朗斯瓦·魁奈等人交流。

东印度公司是霸权主义的先锋，通过垄断远距离贸易为本国积累财物，西欧列强的当权者们无不认为积累财物有助于增加国家的财力，因此竞逐建立殖民地王权，和迅速兴起的商人资本串通一气。亚当·斯密登上历史舞台时完全反对重商主义，同时他计划着给战争和掠夺的历史画上句点。他关注的是"市场"这一和平的竞争关系，这对于当时东印度公司式的世界，即掠夺和垄断不当财富行为占支配地位的世界，也是一种替代方案。比亚当·斯密小6岁且与他深交的埃德蒙·伯克后来也猛烈攻击了东印度公司。

关于埃德蒙·伯克，人们对他的了解是，剖析法国大革命的保守主义的奠基人，但人们却不大清楚，他也是东印度公司的暴力掠夺行为的批判者。

日本的教科书里仅介绍了东印度公司是股份公司的起源。这种介绍平平无奇，完全忽略了这种募集资金的体系发展了商人资本主义、金融资本主义，可以说是商业版的帝国主义。亚当·斯密对此提出的替代范式，也是处于萌芽期的全球主义思想，这种思想使得当下的问题（即企业贪婪、超出国家范畴的活动）正当化。应当说重商主义与市场主义这两种思想，在黎明期的现实局面中，宛如互帮互助的共犯。不，或许应该这么说：扩大版图的强权政治帝国主义，因为亚当·斯密的出现分裂成了国家主义和全球主义。

商人资本主义和帝国的野心联手，带来了殖民地争夺战，其结果是形成了世界性的贸易体系。在南非挖掘到的大量黄金和白银流入这个贸易体系后，荷兰、英国的商人们设计出了新的贸易体系。在三角贸易这个为众人所知的体系中，人们把纺织品和家用品从欧洲运到非洲西海岸，再把作为报酬获得的黑人奴隶运送到美国，当作种植园的廉价劳动力使用。通过给美国已经发展起来的农场提供奴隶劳动力收获的大量烟草、棉花，这些商品会被运往欧洲进入消费市场。这个巧妙的三角贸易带来的收益增加了商人们的资本，这又成为欧洲资本主义发展的根本动力。

追求私利会推进公共利益的实现

在批判已经形成的、稳固的重商主义思想的基础上，自然而然会从伦理上批判个人的纵欲行为。亚当·斯密也在《道德情操论》中强调，基于感情的共鸣正是形成社会秩序的主要因素，但仅凭这种评判，无法遏制已经被点燃的时代欲望。重商主义思想是个劲敌，即便在批判它时强调伦理、道德等，也很难发挥出强于重商主义的思想引领作用。商人资本以东印度公司为排头兵打下了坚固地基，为了对抗商人资本所在的重视利得的世界，有必要提供不同于基督教式伦理与道德的，同样坚持政教分离的替代方案。

亚当·斯密采取的策略并非从道德层面批判个人欲望，他反而认可这是自然、健康的现象，在此基础上他描绘了公正、和平的社会发展的草图。

这也正是经济学的开端。在那之前，几乎是同一时代，虽然也有威廉·配第、弗朗斯瓦·魁奈等政治经济学家，但我认为，没有其他经济学家做到像亚当·斯密一样，将人类的本性同社会发展间看不见的关系可视化。

亚当·斯密的思想主要体现在以下几个方面。

分工

我们能够吃饭不是因为期待屠宰业者、酿酒业者、面包业者大发善心，而是期待他们关心他们的自身利益。我们要呼吁的不是他们的人间大爱，而是那颗爱自己的心，我们要对他们说明的不是我们自身的需求，而是他们的利益。[1]（《国富论》第一篇第二章）

看不见的手

所有个体都尽量用自己的资本支撑国内的劳动，也朝着产品价值最大化的方向努力劳动，因此必然会努力使社会的年收入最大化。确实，个体一般不会有意识要推动公共利益的发展，也并不了解已经推进的程度。（中略）在这种情况下，正如在许多其他情况下一样，个体被看不见的手指引，推动实现自己完全没有意识到的目的。个体完全没有意识到，并不意味着一定有害于社会。比起个体经常意识到要实际促进社会利益，追求自己的利益可以更有效地推进社会利益的实现。（《国富论》第四篇第二章）

股份公司

大部分股东并不热衷于了解公司的业务等情况。

与其说管理着自己的钱，不如说董事是他人金钱的管理者。因此完全无法期待合伙公司的员工，像在看管自己的钱时经常呈现出来的状态一样，目光炯炯地看护好其他人的金钱。

在这种公司的业务经营中，一定或多或少会弥漫着懈怠和浪费。（《国富论》第五篇第一章）

这些都是如今常被引用的内容。

---

[1] 亚当·斯密：《国富论》，大河内一男监译，中公文库1978年版。

提到亚当·斯密，他所提出的"看不见的手"很有名，虽然这句话表现了经济的自发性和自我调节功能，仿佛经济可以自主发展，但在《国富论》中无法找到一处"看不见的手"这一措辞。前文引用的第四篇第二章仅仅提到，"盲目追求私利的欲望，在看不见的手的指引下实现并非自己所愿的其他目的"。

这句话确实体现了亚当·斯密对经济的真知灼见。我此前多次写过，"人类最终实现的与自己的本意并不相同"。虽然我写下这句话受到了亲鸾思想的影响，但亚当·斯密在此提出的追求自己的利益可以推进社会利益的实现的观点，与卓越的宗教学家最后摸索形成的思想属于同一类型。[①]

可是亚当·斯密对欧洲当权者、商人（二者皆为掠夺者）与土著民族（受害者）这段不对等的悲惨历史视而不见，即个人盲目追求私利孕育出商人资本主义，欧洲经过充满暴力与掠夺的远洋航海时代完成市民社会发展的这段历史。也就是说，《国富论》出现时并未从根源上批判政治合法性和基督教式伦理等。它没有提出批判意见，而是一心通过阐述经济的本质，针对前途未卜的重商主义，提出可持续的、可发展的获利方法，主张这会使国家持续发展。从这一层面来看，亚当·斯密与同时代的先导知识分子伏尔泰一样，属于站在富人一方的乐观主义者。

亚当·斯密的股份公司论

亚当·斯密在《国富论》中阐述股份公司的内容为第五篇第一

---

① 亲鸾：《叹异抄》，金子大荣校注，宽开本岩波文库1991年版。

章"君主或国家之费用"这一部分。

这个部分虽然涉及军备、司法、公共事业、教育话题，但关于以东印度公司的原型——规约公司（Regulated Company）及合股公司（Joint Stock Company）——等形式经营的贸易公司，几乎都展开了激烈的批判，甚至可以感受到憎恶之情。

亚当·斯密首先大骂汉堡公司、俄罗斯公司、伊斯特兰公司这些规约公司毫无益处，批判土耳其公司、非洲公司是董事自己和特定友人的垄断集团，还彻底批判了被国王赋予排他性特权的合股公司（即敕立的非洲公司、哈德逊湾公司、南海公司和新老东印度公司）的散漫、腐败经营。

尤其是在对合股公司的批判中，亚当·斯密实实在在地抓住股份公司的必要条件（即资本和经营的分离）使公司出现腐败和懈怠这一点展开了讨论。

我在前文引用了以下内容：

> 大部分股东并不热衷于了解公司的业务等情况。
> 与其说管理着自己的钱，不如说董事是他人金钱的管理者。因此完全无法期待合伙公司的员工，像在看管自己的钱时经常呈现出来的状态一样，目光炯炯地看护好其他人的金钱。
> 在这种公司的业务经营中，一定或多或少会弥漫着懈怠和浪费。（《国富论》第五篇第一章）

这些几乎是股份公司自诞生起便带有的风险中的核心问题。值得一提的是，在那个时代，亚当·斯密已经洞察到了这一点。

另外有趣的一点是，他虽然认为当时存在的合股公司是没有国家赋予的排他性特权就无法存在的累赘，并一味地强烈批判它，但他并未断定股份公司形式是完全没有益处的，是多余的。

合股公司在没有排他性特权的条件下，看似可以顺利经营的事业，其实仅仅是将一切工作套进所谓的模板里。甚至可以说，几乎或者完全没有调节的必要，能够把工作方法归结为一种模板。这类事业有四种：第一，银行业；第二，负责火灾、海难和战时捕获非法外国船只的各种保险业；第三，建设与维护可供航行的沟渠和运河；第四，与第三种相似，即往大城市送水。
(《国富论》第五篇第一章)

总之，他认为可以用股份公司的形式来运营金融、保险及公共事业。

在本书开头，我罗列出这些事业，说它们是不适合以股份公司形式运营的行业。理由是，我认为不应当为了私利去经营这些事业，它们是实现公共利益不可缺少的事业。

亚当·斯密认为没有排他性特权可以经营的这些事业，当下正因公共事业的私有化而遇到难题。想到这里，可以说斯密的市场主义论太过乐观。

在被基督教控制的欧洲登场的近代人物：亚当·斯密

暂且忽略上述问题，亚当·斯密在这个时代（18世纪）把整体的国家事业纳入考虑范围、展现新型国家愿景的做法是应当称赞的。他最初是作为一名提出新时代价值观的启蒙主义者登上历史舞台的,他希望建立这样的基础观念:保证国家可持续发展的经济行为是重商主义之外的方法。

自大航海时代起,在君主专制和商人的暴力背景下,一直充满掠夺和奴隶买卖,他批判了用这种方法积累财物的行为。他认为和平发展国内产业的劳动力才是国家财富的源泉,这就是他提出的国家愿景的替代方案。而后他认为,提高生产力的方法是人们的合理分工,强调了交换产品的和平贸易场所(即"市场")的重要性。对比王权统治的国家与"市场",展现了只有"市场"的活跃才会创造出新时代,这一点可以说是《国富论》留名历史的原因。

亚当·斯密想象的"市场"是完美的市场,依据生产者的供给量和消费者的需求量自主确定价格。这一基于供需平衡的价格理论在当下也是有效的,但完美的市场只存在于理论中,价格常受控于国家和企业的需求这一点也是事实,因此他想象中的市场只能是模型和原理。基于他提出的模型,市场价格最终被归纳为对消费者最有利的价格,即自然价格。它会为"仆人、劳动者、各类工匠"带去便利和益处,而不是地主和商人等,这样有利于社会的健康发展。因此在这个层面上,他的"市场"具有使重商主义中的胜负双方和解的作用。

谈到亚当·斯密的功绩,主要有三个。

第一,他认为国家财富的源泉不是当权者积累的金银财物,而是牵引市场的劳动力,也就是把国家财富的源泉在于国家的生产力这一点理论化。

第二,劳动力的集结不是基于基督教式的慈悲心,而是基于每个人利己的自我打算。

第三，有助于实现公共利益的是工资带来的购买力提升，而非他人的施舍。何出此言呢？正如斯密反复强调的那样，基于结果是人们行动意识不到的、无法预见的这一复杂思路，"市场"可以成为从国家权力和宗教权力中被分离出的自发性制度。从这个层面上可以说，亚当·斯密是在基督教占统治地位的欧洲登场的近代人士（即主张政教分离的知识分子）。

我在这一章开头写道，亚当·斯密是在1776年写下的《国富论》，这一年詹姆斯·瓦特开始生产销售蒸汽机，并且美国从英国的殖民统治下独立出来，这三件大事发生在同一年并非偶然。亚当·斯密在学习启蒙思想的过程中感受到重商主义时代的终结，因此探索出符合那一时代的理论；詹姆斯·瓦特为了使在他之前的基于贸易和交换的掠夺式经济，能过渡到以生产和销售构成的产业经济，搭建了阶梯；美国独立开辟了使启蒙思想走向现实的国民国家的道路。

自东印度公司成立发生的一连串大事给予了我们一个教训。亚当·斯密的《国富论》出版之后，世界商业资本主义的范式才迅速发生了变化。也就是说，重商主义这场掠夺之战，自1600年东印度公司成立起，在大约200年之后走向终结，之后揭开了生产力竞争（即商业资本主义和自由贸易时代）的序幕。

对于生活在东印度时代的人们来说，所谓的商业就是利用地理差异谋取暴利，他们或许因此而没有对印度、南美、非洲等被暴力掠夺感到很大的不解。

但任何时代的范式都不会永远存在。

启蒙主义者的出现，王权拥护者接二连三的霸权争夺的疲敝，法国大革命爆发，从绝对主义的时代逐渐过渡到以议会为核心的民主统治体系和国民经济的时代,从通过引领重商主义的贸易来积累利润的经济模式,转变为追求通过生产积累利润的工业资本主义,这些都是必然的。因为在这个时代,出现了改变经济活动机制的革新。

所谓的革新,不是因天才个人的突发性发现和发明出现的。当社会开始寻求并孕育新体系时,政治、经济、科学、教育等各个领域开始了多重变革,而且这些变革相互糅合交错。如果不同时具备商品化的技术、购买商品的市场基础,任何新发明都不会带来革新。最终,基于这场革新,重商主义时代成为过去。

虽然重商主义结束了,但始于东印度公司的股份公司的命运并未在此终结。

第5章
股份公司的恢复能力

股份公司的三个阶段

如亚当·斯密所预见的，英国的市场得到了发展。

当时处于这样的背景：经1688年的光荣革命，国王的权限受制，议会掌握了实质上的预算权限，并且有充足的资本可以进行民间投资。革命的狂热将人们吸引到了城市里，市场开始活跃。我虽然说"如亚当·斯密所预见"，但城市人口的集中与市场的活跃在斯密创作《国富论》以前的1个世纪就开始了。他不是预见了，而是迅速地捕捉到了这个趋势，准确地进行了分析整理。

城市膨胀和市场活跃的同时也导致了投机热的异常高涨，反过来也可以说，投机热高涨使市场活跃了起来。东印度公司发行的股票在光荣革命带来的异样激昂的氛围中持续攀高；始于1711年的南海泡沫作为这场革命热潮的余波影响了英国全国。

随着南海泡沫破裂而出现的破产、自杀、纲纪混乱等现象，最终导致议会禁止自由成立股份公司（《泡沫法案》）。但几乎没人预料到城市膨胀和市场活跃之后有什么在等待我们，所有人都没能明确地预测出泡沫破裂后的时代会何去何从。

到目前为止，所有国家的任何泡沫经济中，这一点都是共通的。泡沫经济是人们基于幻想的欲望和期待失控引起的，但泡沫的破裂就像一个时代的终点，只要人类会被欲望驱动，这个循环就会一直往复。即便知道泡沫终将崩溃，被欲望驱使的人类也不认为自己最终会成为泡沫的受害者，更不会想到，一个巨大的泡沫崩溃意味着新时代的开始，等等。

虽说如此，但许多人是在很久之后才认识到这个时代是巨大的文明史转型期。

大变化开始的缘由是运输技术的革新，能够大量且低价地运送城市市场需要的农产品，以及矿山、高炉里开采加工出的煤炭和矿石等。这种革新后来带来了巨大的产业转型。

1776年（即亚当·斯密《国富论》出版、美国起草《独立宣言》同年），在格拉斯哥大学研究蒸汽机的实验室技师詹姆斯·瓦特，成功组装了业务用的动力机器。据说亚当·斯密是帮助詹姆斯·瓦特能在格拉斯哥大学研究的资助人之一。同时期还出现了另一项更重要的技术革新，那就是开发使用焦炭炼铁的工程。由此人们从木炭时代迈入了煤炭燃料时代，铁的产量飞速增长。

这两项发明促进了矿山排水管道的改良和后来各种各样用途的开发，使得技术逐渐得到改善。产业部门的大变动始于纺织工厂，最初的纺织工厂虽然在1785年便开始生产，但凭借蒸汽机的动力，工厂的生产力才急剧提升。比如在曼彻斯特，1782年只有2家棉花工厂，但在后来短短20年间增加到了52家。

运输技术的革新为扩大的产量提供了支撑作用。1804年，理查·特里维西克发明的世界上首辆蒸汽机车一经行驶，斯蒂芬森父子随即想到，让蒸汽机车在利物浦至曼彻斯特段的公共铁路上运行。合并了一些铁路公司，被称为铁路大王的乔治·哈德森出现后，铁路发展成为象征新时代的巨型商业。

运营铁路公司需要募集大规模的资金。因为要用这笔资金建造巨大的固定资产，再通过运用固定资产创造超过所筹资金的收益。那么乔治·哈德森究竟是怎样募集资金的呢？从结论来说，为利物浦至曼彻斯特铁路公司提供资金的是那时两市的富商，投机者的资金流入了乔治·哈德森的铁路公司。

推进技术革新使社会全体都走向了工业化，并非只针对特定产业。工业化意味着此前通过农业循环生产方式不可能实现的扩大再生产具有了可能性。技术革新的进展，在远洋航海时代之后，逐渐创造出一个社会再次飞速发展的新时代。

大航海时代的技术革新实现了远洋航海，在欧洲因远洋航海持续发展的繁荣时代里，作为排头兵活跃的是东印度公司。但在南海公司引起的股票泡沫事件之后，股份公司的自由设立被英国议会禁止。因此当第二次历史性持续发展的时代来临之时，通过东印度公司募集资金的体系实际上是被禁止的。但第二次历史性持续发展时代的来临，给解禁这个资金募集体系送来了东风。从严格意义上说，股份公司的时代是从这个时候开始的。

工厂主和富商比任何人都期望这个时代的来临，因为他们知道，如果在工厂里配置新型纺织机，就能以低成本实现以前使用手动纺织机时的多倍产量。虽然第一产业被收益递减规律束缚，但工业资本主义时代的开幕是从收益递增开始的。

另外，铁路公司建设的公共铁路，有可能大幅缩减以前的运输时间，这又帮助工厂主和富商等人提高了资本周转率。

建设工厂和成立铁路公司需要大规模的投资，而新兴的创业者是很难募集资金的。原因如前所述，南海泡沫事件以后，英国法律禁止自由成立股份公司。

但时间的流逝再次打通了使用股票募集资金的道路。1825年，禁止自由成立股份公司的《泡沫法案》被废除，带动工业化时代发展的工厂，通过发行股票募集到的资金接连建设起来，之后股份公司的成立从敕许制变成了准则制。虽然说需求是发明之母，但事实与此相反。因为发明引发了社会上募集资金的需求，所以股份公司这一构想再次受到瞩目。

美国文学之父马克·吐温曾写下"历史会押着同样的韵脚"，股份公司正是出现在历史发展阶段的代表"经济持续增长"的"韵脚"。

我们可以得知，股份公司这一法人成为经济核心，经过了三个阶段。最初的"韵脚"是代表了开启全球规模贸易的时代——大航海时代——东印度公司；第二个"韵脚"是在产业革命时期带来飞跃性生产扩大的"股份公司"；第三个"韵脚"是全球化时代的金融集团（Conglomerate）的出现。

虽然股份公司这一形态多次被指责会成为腐败和丑闻的温床，有威胁国家秩序的风险，但它依然留存了下来。这是因为时代发生了巨大的变化，出现了没有预料到的经济持续增长的趋势。

社会发展的根本动力不是人们热心公益的精神，如亚当·斯密所说，如果动力是人们的贪婪，那么只有股份公司这一体系才能发挥其中蕴含的力量。

工业革命以后的世界是经济急速增长（商人资本主义改头换面成工业资本主义）范式的变型，这是因为全球化时代是产业资本家继大航海时代、工业资本主义时代后，在金融的世界里发现的第3个满足贪欲的机会。

被忽视的伊斯兰经济思想

在此前关于股份公司历史变迁的内容中，我们一直忽略了一点，那就是奥斯曼帝国。在西班牙与葡萄牙发现新航路并掌握海上霸权，英国与荷兰成立东印度公司开展重商主义掠夺战之前，奥斯曼帝国已经进军海洋贸易。

据记载，奥斯曼帝国建于13世纪末，一边和东罗马帝国争夺巴尔干的霸权，一边慢慢扩大版图。在苏莱曼一世统治的16世纪中期，奥斯曼帝国已称霸横跨东欧和中东的广阔区域。

这样兼具强大权力和武力的国家，在重商主义时代没有扮演关键参与者的角色，我对此持有疑问。

著有《世界经济简史Ⅰ》的隆多·卡梅伦与拉里·尼尔认为原因在于：第一，在奥斯曼帝国的大片领土上，气候和资源丰富、运输费用高昂，不利于真正意义上的经济融合；第二，苏丹所控制的主要产业是场地受限的农业，系统且比较公平的征税制度较好地发挥了作用，所以无须参与贸易争夺战。另外在欧洲，虽然有人过分强调土耳其人的贪婪和暴力，但也有人描述，实际上土耳其人与人为善，对基督教和犹太教等也很包容。①

奥斯曼帝国长于航海技术，海军力量也很强大，版图甚至从欧洲南部扩大至北非、巴尔干半岛、阿拉伯半岛，但为什么在商业上没有积极参与到重商主义的竞争里呢？又为什么在工业革命以后工业化进展比较缓慢呢？我认为其中缘由与伊斯兰教的文化有很深关系。

在1756年至1763年的7年间，即在英国、普鲁士、法国、奥地利、俄罗斯、西班牙、瑞典处于混战的七年战争间，奥斯曼帝国之所以袖手旁观，大概也与此相关。

指南针等航海技术的领头方是中国。人们普遍认为，明朝郑和在1405年带领由240艘船组成的船队遍访西太平洋、印度洋周边的国家，在1414年从非洲把长颈鹿带回了中国。

指南针是在中国被发明以及得到发展的，把通过指南针实现的航海技术传送至欧洲的媒介正是位于陆上的通商据点奥斯曼帝国。即使奥斯曼帝国率领大型船队蚕食全世界的财富，开拓殖民地也并不让人意外。但为何奥斯曼帝国并不热衷于这样的海上霸权呢？我们可以这么思考，欧洲列强拥有而伊斯兰教没有的东西是什么？简言之就是以东印度公司为代表的公司形态。

前文提到过，当从伊斯兰法学家中田考先生那里得知伊斯兰教里没有"法人"的概念时，我备感意外，没有"法人"的概念自然无法产生"股份公司"这一概念。所谓股份公司，是仅承担有限责任的股东维持起来的幻想共同体，因此股份公司除了积累利润的目

---

① 隆多·卡梅伦、拉里·尼尔：《世界经济简史Ⅰ》，速水融监译，东洋经济新报社2013年版。

的之外不会拥有其他伦理规范。由被限制责任的股东控制公司的这一结构告诉我们，股份公司是被解除责任的一支特别行动队。伊斯兰教认为，在神的面前没有任何中介人，每个人都承担责任和义务，这种观念与无责任的体系——股份公司本就是不相容的。

另外，如果遵循资本和经营分离的这一股份公司的核心原则，禁止收取利息的伊斯兰教教义将无法存在。原因是投资者进行投资是因为期待股票将来升值，这种预期基于的观点同利息会带来未来利益相同。

东印度公司诞生于欧洲，是贪婪的资本主义的特别行动队，考察它的时候，就有考察伊斯兰教这一替代方案的必要。从原理上思考，股份公司形态不可能存在于伊斯兰世界（政教分离后另当别论）。因为在伊斯兰教中，只允许参与经营的每个人都负有无限责任，没有股东的公司存在，在这种情况下，公司与经营者就是统一的，结果导致公司变成了家族经营或个人经营的形态。

股份公司自诞生之初便与贪婪相关联，常常成为投机热情的发泄对象，所以也与丑闻断不了联系。正因如此，它才得以拥有牵引时代发生巨大变化的力量。那么拥有正反两面的股份公司为何在与伊斯兰教一样禁止从异教徒之外收取利息的基督教世界发挥了经济的中枢作用呢？

伊斯兰教不具备的，在基督教中却成为发展的根本动力的文化背景是如何诞生的呢？这正是马克斯·韦伯所分析的堪用"强硬"形容的新教精神。关于韦伯的分析，我将在后文叙述。

东印度公司与日本

东印度公司的霸权范围如它的名字所示，涉及印度、东亚。

据说自17世纪伊始东印度公司成立以来，到1614年（日本庆长19年）大禁教令出台为止，日本有40万至45万名基督教信徒。当时日本的总人口为1000万至1200万，即总人口的约3%都是基督教信徒[1]。还有研究者写道，日本有175万基督教教徒[2]。这么算来，日本的基督教教徒占总人口的一成。虽然没有材料来判断这些数字中哪个是与事实相符的，但仅参照隐匿的基督徒和基督教大名（译者注：信仰基督教的日本大名），我认为日本有过这么大量的基督教教徒并不夸张。虽然基督教具有这么强的传播能力，但说明其理由并非易事。基督教如此深深扎根于主张万物有灵的多神教占决定地位的东亚小国，说这件事令人感到不可思议更为自然。

为什么基督教传教的羽翼会伸展到离大本营如此之远的太平洋岛国呢？难道只是希望实现传教任务的结果？或者还有其他理由？其中大概包含基督教与商人资本结成强大联盟的原因。关于这个问题，我将在下一节对马克斯·韦伯的考察中详细论述。

在大航海时代开始的时候，葡萄牙在瓦斯科·达·伽马发现新航路以后进军印度，后将影响力进一步扩大至东南亚，在中国澳门建立了最大的亚洲根据地。

---

[1] 宫崎贤太郎：《隐匿基督徒的实像——日本人对基督教的理解与接受》，吉川弘文馆2014年版。
[2] 大泉光一：《支仓常长 庆长遣欧使节的悲剧》，中央公论新社1999年版。

在日本，1637年（日本宽永十四年），各地被打压的基督教教徒发动起义。他们被幕府军逼至绝境，据守在岛原原城，然后在那里等待于澳门拥有根据地的葡萄牙的援军。另一方的幕府（松平信纲）则借助荷兰船炮轰了原城。

发生在日本的这次事件同当时在欧洲开展的大航海时代的霸权争夺战是完全没有联系的。

即便在海上霸权争夺战中，信奉新教的荷兰针对信奉天主教的西班牙和葡萄牙也展开了新老交替的斗争，这场斗争的余波甚至影响到了日本，但上述冲突与此事无关。如果把天主教、西班牙和葡萄牙视为起义军，新教、荷兰东印度公司就相当于幕府军，很容易看出来，形成这种对立的模型可能是因为当时欧洲发生了什么事情。

东印度公司成立前，荷兰各城市设立的贸易公司，接连派遣船队经过好望角或麦哲伦海峡朝着亚洲进发，向本国进口以香辛料为主的亚洲商品。[1]合并了这些公司的就是荷兰东印度公司。

荷兰东印度公司于1609年（日本庆长十四年）8月设立平户商馆，开始与日本贸易。关于荷兰东印度公司进军日本，行武和博[2]在《日本时代史14：江户幕府与东亚》中如此认为："这并不是因为充分预见了与日本开展贸易可以获得的利益，而是为了在与亚洲贸易中的伊比利亚势力对抗时扩大本国的既得权益。"[3]从幕府（日本方面）来看，无论是在贸易中还是在传教活动中，荷兰商馆的设立都有牵制逐渐扩大势力的伊比利亚势力的动机。岛原之乱中幕府与荷

---

[1] 行武和博："异国窗口的景观与功能"，收录于《日本时代史14：江户幕府与东亚》，荒野泰典编，吉川弘文馆2003年版。

[2] 同上书。

[3] 同上书。

兰的勾结证明了上述观点，正所谓敌人的敌人就是朋友。

像这样从空间坐标而非时间坐标来考察世界史，就能发现东印度公司具有的作用和意义。

当时的荷兰正处于荷兰独立战争（1568年起）后的和平谈判时期，希望在签订休战条约前尽可能扩大贸易地区。行武表示："范霍夫（Verhoef）基于这一指令，于第二年（1609年）远征马六甲、马尼拉等地，更新在马鲁古群岛的贸易协定等，同时为了贸易谈判向日本派遣了同舰队的2艘船。"他们认为，控制日本在西班牙、葡萄牙及荷兰发起的亚洲商圈扩大战中起到了桥头堡的作用。当然，英国东印度公司也没道理拱手相让。当初在同伊比利亚势力的对抗中，英国东印度公司虽与荷兰东印度公司构筑了非敌对关系，但围绕印度地区的霸权，两家东印度公司不断斗争，开展了殖民地争夺战。

希望大家注意，这时期发生了在股份公司史上值得关注的事情。与荷兰东印度公司拨付了充裕军费不同，当初英国东印度公司采用的运营体系是，通过每次航海时的临时出资形式募集资金，航海结束后向出资人结算利润。但在与荷兰的竞争中，英国东印度公司产生了对可持续募集资金的体系的需求。在1657年，英格兰共和国的领袖克伦威尔认可了仅要求分配利润的股东的出资，引入了通过全体大会的方式进行决策的体系。通过这一体系，英国也开始允许向他人出售股票、脱离公司，形成了近似于现在的股份公司的体系。在1662年，由于制定了"破产宣告条例"，实施股东的有限责任制这一成立股份公司的最大难关被清除了。

由此我们可以得知，股份公司这一体系不是公司这一幻想共同体自然发展的结果，反而是作为国家军费募集体系的一环而出现的，自诞生之初便是战争创造的恶魔。

韦伯的资本主义论与劳动伦理

在此之前,我考察了股份公司将要诞生的时代背景,还有看似一度消亡的股份公司起死回生,一跃成为资本主义生产主角的工业革命时期。这是因为确实有必要了解股份公司这一公司形态被需要的时代背景以及发展至今的过程。

但是关于人类支撑股份公司的内心活动,我还未深入分析。不论有什么样的时代背景,只要缺乏那一时代的承担者从内心想要主动推进时代发展的机缘,时代就不会发生剧烈变化。

仅凭远洋航海时代的商人冒险家,试图借助他们扩大权力的专制君主,把财产托付给商人企图大捞一笔的贵族,无法解释后来急剧的时代变化。股份公司的机制因商人冒险家和当权者的勾结才被发现,这种看法在股份公司创立初期十分具有说服力。但在近代拉开序幕后,虽然股份公司多次遭遇危机,但都克服阻碍得到了发展,并促进了资本主义繁荣,其中缘由仅凭上述几点无法使人尽信。

关于资本主义能成为引领近代以后历史发展的强大牵引力的原因,有必要考察接受并肩负其发展的人们尤其是中产工商业者内心发生的变化。

普通市井人家(即工人、商人、农民和普通信徒)因何种内心理由勤恳工作、积累财富或合理化再次投资的意愿?抑或是无意识的对金钱和物质的欲望导致了这些结果?围绕这些问题我想尝试深度挖掘韦伯的理论。这里登上历史舞台的是农民和工商业者这些小市民,我们可以看到他们的人物剪影。我想验证他们或许正是将股份公司推上经济主角地位的根本动力这一观点。

在股份公司的黎明期（16世纪）及繁荣期（18世纪），支撑股份公司发展的关键人员中都有基督教教徒的身影。宗教改革运动前后，所谓的基督教教徒应该都是禁止收利息、断绝贪欲的。一般认为，基督教的教义是克制人类欲望，尤其要克制对性和金钱的欲望，对这一点，大家应该并无特别的异议。尽管如此，我们仍应当认为，在他们作为实际的主角创造出持续发展的时代的原因中，存在某种我们忽视的必然性。但找出必然性的线索并不容易，因为禁欲者发展成积累资本的资本主义旗手本身就是一个悖论。

马克斯·韦伯正面提出了这一问题，试图证明基督教教徒的劳动伦理导致了资本积累，成了经济发展的根本动力。他提出了一个大胆的假说，这种劳动伦理的源泉在于新教特有的劳动观念。

只是对于不了解基督教各教派信仰实质的我来说，与马克斯·韦伯的思路之间有一道不易打破的隔阂。对许多日本人来说大概也是一样，马克斯·韦伯的思想本就难以理解。

马克斯·韦伯所著《新教伦理与资本主义精神》中的主人公是欧洲中小工商业者，是中产阶级生产者，他们属于加尔文宗和再洗礼派的新教徒。韦伯在这本书中并未说所有的新教徒都是资本主义精神的旗手，而是试图证明新教中最禁欲、在尘世真正禁欲的宗派中包含的劳动伦理与资本主义精神一脉相承这一悖论。

韦伯在写这本书之前调查了产业劳动（成果收录于《社会学与社会政策学论文集》），调查结果中巩固了上述理论框架。除此之外，《新教伦理与资本主义精神》围绕天职、确保来世、尘世禁欲、关爱邻里的概念，说明了新教伦理和资本主义精神联系起来的过程。

宫本常一与韦伯的"工作观"差异

韦伯在讲述新教徒勤劳精神等劳动伦理时,特意只强调新教的劳动伦理。对了解其在日本也有悠久历史的我们来说,稍稍有些异样的感受。

比如为什么说德国的计件工资不一定有助于生产力的提高?韦伯在指出那是因为德国人一旦学会某种劳动形式,就不再改变的传统习惯后,关于接受了宗教教育的拥有虔信派信仰的少女们,做出以下陈述。

虔信派少女有集中思考的能力,明显把劳动视为义务。不仅如此,还因为在经济方面严格要求计算工资数额与收到的金额,具有冷静的自制力和分寸感,所以劳动的生产力大幅提高。资本主义虽把劳动当作人自身的目的、当作"天职",但虔信派少女有着劳动所需的坚实基础。由于接受了宗教教育,也很有可能摆脱勤恳工作的传统主义的工作状态。(《新教伦理与资本主义精神》第1章问题提出部分)[1]

这种把劳动视为天职的伦理性,与宫本常一在日本农村见识到的高度发展的职业伦理有何不同呢?

---

[1] 马克斯·韦伯:《新教伦理与资本主义精神》,中山元译,日经BP社经典本2010年版。后文引用的都是中山元译本。本书中也引用了岩波文库版大塚久雄的译本,但这一版很难读懂,因此向各位读者推荐中山元译本。

虽然因为想赚钱而做这份工作，但这绝不是一份好工作。尤其如果是在冬天和在河水里做的工作，有时候会痛苦到想哭都哭不出来。孩子们不想当石匠，但想把这个职业当作一生的谋生工具。走在田地间，看到他们在什么都没有的田地边缘用出色的技术堆砌石头，我心里颇有感触。在这种地方搭建石墙的石匠是出于何种考虑如此用心工作的呢？我怀着这种疑问注视着他们。明明只有村里人会看到……

如果把搭建石墙当作工作，当然还是想要做好工作的。为了不再次倒塌……然后只考虑这件事。如果只单纯想着搭高，那么终将会因这种心态与这片土地缘尽。但如果做出好的成果，就会乐在其中，后辈在其他人家的田地边缘搭建石墙时，也就无法随便应付。如果前辈做得粗糙，那么后辈也会效仿。另外，如果是不经过师傅的自己承包的活儿，有时候也会因为经费不足而偷工减料，但在下大雨时就会夜不能寐，担心墙会倒塌。还是勤恳工作比较好，下雨的时候就会涌现出一份自信：我造的东西怎么可能因为这点雨水就倒塌。善始善终地工作，不仅会给自己带来自信，还会传递给后辈。[1]

民俗学者宫本常一在爱媛县西条高原漫步时看到石匠，问他们为什么如此勤恳地工作，以上便是石匠的回答。谁都能感受到，这里存在非常高尚的劳动伦理，那并不是石匠从宗教伦理中感悟到的精神，它更接近工匠的自尊心。如果对江户时期的古典落语有所涉猎，就会发现很多讲述关于工匠自尊心的故事（如《敲佛坛》《芝

---

[1] 宫本常一：《庶民的发现》，讲谈社学术文库1987年版。

滨》，这样的工作观很常见，对日本人来说再熟悉不过）。另外，所谓的自尊心并非来自无愧于天的天职意识，而是信仰工作本身就是一种修行，认真完成工作有助于形成真正的自我。用其他观念说明的话，既能说是儒教工作观，也能说是欧洲的基尔特工作观。

这种工作观和韦伯说的"新教伦理"有何不同呢？

宫本常一描写的石匠宛如通过自己的工作与后辈对话，那是给后辈的赠礼。我们可以领会到，石匠自己也积极接受了前辈的赠礼，把这种工作精神一直印在身体里，并且把承袭的技术和伦理再赠予后辈工匠。

如果马克斯·韦伯所说的"新教伦理"这种思想视工作为天职，认为工作是人自身的目的，那么宫本常一见识到的石匠的工作观也应该适用于这种思想。那么我们可以说日本工匠传统中的工作观是资本主义精神的支撑吗？可以说石匠们通过贯彻这种工作观实现了财富的积累吗？其实应当说，正因为拥有这种高尚的工作观，那些人才能甘于贫困；是在把作为天职的工作和对金钱的欲望割裂开后，才诞生了工匠们的工作观。

若是如此，这种观念就近似于马克斯·韦伯称为"传统主义"的，天主教和路德宗等之前的基督教教徒所特有的禁欲主义。

那么马克斯·韦伯从新教的工作观中领悟到的伦理是什么呢？或者说，韦伯的假说是合乎道理的吗？我对此一直心怀疑问。

"克制消费"的同时"开展营利活动"的规律

这里简单描述下马克斯·韦伯的主张。

一般认为，韦伯主张新教教徒是禁欲的，是克制财富积累的。

在宗教改革时代，约翰·加尔文主张先定论，认为信徒们是被神选中的，神已经决定好了信徒是去天国还是去地狱。按照寻常的思路，信徒最终应该会因为失去劳动的动力而变得没有干劲。但实际上信徒们认为，既然未来已经被决定好了，由于自己被赋予的工作也是神给予的天职，神就会希望他们认真完成工作，因此他们会努力过着规律的生活，勤恳劳动。加尔文鼓励信徒，用积累的财富再次投资事业是顺从神的意愿。这样一来，新教教徒忠于天职、生活规律，通过避免浪费来积累财富从而实现再投资的勤劳的工人形象跃然纸上。马克斯·韦伯提出假说，使他们做出这样的行为的原因，既不是吝啬也不是贪婪，而是宗教精神。

虽然这个逻辑猛一看很好理解，但为什么反商人也反高利贷的禁欲新教精神驱使他们勤恳劳动，从而像资本主义一样谋利？为什么承认了再投资的行为具有神学上的合理性？其中原因并不容易理解。

最初，加尔文认可的是五分的利息。为什么禁欲的新教教徒接纳了这种收取利息的反基督教许诺？

大塚久雄解释道：

> 按常规想法来说明，中世纪的天主教教会明明禁止利息，加尔文却允许收取利息，新教徒对营利的态度逐渐变得宽容。但这与事实完全相反，因为这混淆了原则上的禁止与实际上的禁止。加尔文确实允许了按照五分的利率收取利息，但在实施时，不允许有违法的搪塞之辞，不允许钻法律空子等。[1]

---

[1] 大塚久雄：《社会科学中的人类》，岩波新书1977年版。

在理解马克斯·韦伯的时候，大塚的这一解释给了我们非常重要的启示。大塚认为，如果没有回到加尔文投身宗教改革的时间点，亲自感受当时胡作非为的传统商人征收高额利息和剥削的实况，就会误解加尔文允许收取五分利息的理由。加尔文不是对利息展现了宽容的态度，相反，他是通过设置五分的上限禁止了放高利贷和剥削的行为。

这一说法成为解开加尔文主义中的尘世禁欲主义与资本主义的亲近之谜的关键。

这里体现出，为了改变当时多取者赢、抢夺者赢等横行的商业习惯，不把利息当作贷方利用借方弱点耍手段的工具，而是当作借贷中产生的正当对价，这一做法改变了利息的概念。利息并非贷方的利润，而是贷方理应收取的东西，将来的货币价值和现在的货币价值之间的差额就是利息。以此为契机，最终商业往来从耍手段的机制转变为合理的社会等价交换机制。

基督教确实禁止利息，也禁止奢侈浪费的生活，但那始终局限在宗教世界内（或者来世），尘世中没有人真正严格遵守这些约束，实际上也是不可能实现的。宗教世界的理论，通过要求有血有肉的人类在尘世无法简单实现的事情，反而创造出了神的荣光和神给予救赎的契机。为了爱自己就要去爱别人，怀有欲望地看女性等同于奸淫，这些教义在尘世里都是不可解的难题，是不合理的。因此，人们知道了现世的界限，为了逃避现世而去信仰、去向神求救。

加尔文认为，为了使在现世不可解的难题"为了爱自己就要去爱别人"这一基督教理论在尘世里也具有说服力，有必要展示世界是基于公平合理的规则建立的。如果尘世是由欺辱和算计组成的"骗者为王"的世界，神世的理论就会失去引领意义，神世里关爱邻里的理论在尘世里就只能是难以实现的理想。如果信徒不拥有这一理想，那么神世的理论就只不过是一场空话。

关爱邻里或许在尘世里是不可能实现、不合理的理想，但如果能够实现，那么关爱邻里在尘世里也一定能成为合理的行为。不能实现的原因在于人类的弱点，不是神的理论不合理造成的。

尘世必须能实现神世的理想。为了达到这一目的，尘世的规则不能妨碍神所传达的理想。允许收五分利息是尘世设定的规则，以联系尘世和神的教诲。若非如此，为什么禁欲的新教教徒能够认同通过收取利息赚钱、积累财富、投资等行为的正当性呢？

针对奉行尘世禁欲而勤恳劳动的新教教徒中的中小生产者和企业家等，加尔文彻头彻尾的禁欲思想给予的是一种悖论，在尘世里，能够在不违背主张禁欲的神的教诲之下开展营利事业。猛一看营利事业与禁欲（即克制消费）是对立的行为，那么赋予营利行为合理性的原因究竟是什么呢？

韦伯表示："如果支出利润这一部分资本来满足消费目的会受到阻碍，那就必须将其作为投入资本，使用在生产方面。"后来在英格兰，这种关系以极为显著的形态出现了。因为人们认为经过正直的劳动和买卖积累下的利润，不应当仅为了满足自我欲望而消费，还可以通过再投资为邻居创造利益。

"先定论"与"外力思想"的共通点

罗马天主教曾设计出免罪符，也就是用金钱买救赎。在摆脱这种设计的过程中，在从根源上批判信仰制造出的虚拟事物的过程中，发生了从路德至加尔文的宗教改革。或许可以说，新教伦理诞生的背景中包含对罗马天主教近亲厌恶的感情。虽然韦伯认为新教伦理挑战的是基尔特式的或者中世纪的传统价值观，尽管他否定了一半基尔特精神，但还是认同了勤劳的工匠这一半要素。他舍弃的是近似封闭性、独占欲、权力的部分。

韦伯引用了本杰明·富兰克林的话，清楚地表明了新教精神中的劳动观。虽然有些长，但请允许我把这一部分列举出来。

>不能忘记时间就是金钱。可以通过自己的劳动一天赚十先令的人，如果花上半天出去遛弯儿，或者什么都不做混上半天，即使只需为散心和懒惰花费六便士，也不应该认为他只是花了那些钱。实际上他还花了（说是"扔了"更合理）五先令。
>
>不能忘记信用就是金钱。如果"借给我钱"的人即使过了还钱期限还把钱存放在我这里，就相当于他把利息或者我能在这期间用这笔钱得到的东西给了我。如果能利用好人强大的信用，就可以收获不菲的价值。
>
>不能忘记金钱会增值。钱会生钱，生的钱还会生更多的钱。如果使五先令流通起来，就会变成六先令，如果流通得更多，就会变成七先令、三便士，最终变成一百英镑。钱越多每次流通就会生出更多钱，利益就会增长得越来越快。杀害生猪崽的公母猪，相当于消除了它会生出的所有东西，甚至有可能消除几万英镑！事情最后就会变成这样。（《新教伦理与资本主义精神》第1章问题提出部分）

富兰克林的日记，通过"优秀的会计人员手里掌握着他人的钱包"这句谚语，还提到了要遵守约定期限，鼓励严谨和正直，注意信用的重要性。

富兰克林为故乡费城的经济繁荣尽心尽力，据传他像现在所说的备忘录狂魔一样认真严谨，任何事情都要记录下来。这样，他通过严于律己、正直诚信、避免浪费、献身劳动，获得了财富。我们从他的自信心和行动规范中可以窥见，他绝没有冒险的野心，相反，他有着特别符合伦理的生活态度，献身给了劳动。

韦伯从富兰克林的态度中理解了尘世禁欲的具体行动，并且稍微了解了新教伦理。接着，他比较了堪称贪婪资本主义的典型案例雅各布·富格尔和本杰明·富兰克林，写出了下述内容。

> 雅各布·富格尔已经退休的同行曾劝告他可以退休了。因为他已经赚得盆满钵满，要给其他人赚钱的机会。但是富格尔以"没有斗志"拒绝了这份忠告，并回答："我跟你想得不同，只要还能赚钱我就会继续赚钱。"
>
> 富格尔这句话里体现的"精神"与富兰克林所说的"精神"明显不同。富格尔的话吐露出了商人具有的冒险心理，表明了与道德无关的个人倾向。但富兰克林的话则表现出带有伦理色彩的生活原则。对于本书中的"资本主义的精神"，我想采用这个解释。（《新教伦理与资本主义精神》第1章问题提出部分）

后面还解释了富兰克林对伦理的定义：

> 不如说这种"伦理"中至高无上的真理是严格戒除所有单纯的享乐，只专注于赚钱。这里不存在任何幸福主义的观点和快乐主义的观点，被认为是纯粹的人自身的目的。这完全超越了个

人的"幸福"和"利益",甚至看起来不太合理。

　　只要合法赚钱,在近代的经济秩序里,就是有职业能力的表现,是"伦理"的产物。然后我们可以立刻明白,这种能力的高低正是富兰克林道德的全部内涵。(《新教伦理与资本主义精神》第1章问题提出部分)

　　他所说的资本主义指的是近代资本主义,是欧洲与美国的资本主义。"资本主义"无论是在印度还是在巴比伦,在古代还是在中世纪都存在过,但上面这本书里也写出,这些资本主义中缺少富兰克林指出的那种精神。

　　如果在理解韦伯时只聚焦于雅各布·富格尔的贪婪、新教徒的禁欲工作观及其导致的积累财富的结果,那么韦伯所说的大多数内容就与资本主义精神毫无关系,只是单纯鼓励勤勉的精神。若是如此,这不过是平凡的道德要求罢了,古今中外随处可见。

　　因此韦伯的重点并不在于前面提到的天职意识,而在于为追求经济合理性、创造利益、积极再投资的新教教徒行为找出合理的理由。阅读了引用的内容就会解读出,韦伯所说的所谓超越个人欲望向至高无上的真理的飞跃,不过是神化了金钱,是金钱崇拜。韦伯必须向读者传达,那不单单是神化了金钱,有必要找出一种思路,证明这种伦理自始至终都包含在新教精神内。这里出现的辅助线就是约翰·加尔文提倡的先定论。

　　所谓先定论,是指来世无论是被救赎还是走向毁灭,都已经提前由神决定好了,只有神知道结果,无论人积了多少善行、有多么虔诚的信仰都无从得知。也就是说,神与信徒是隔绝的,信徒绝对接触不到神。这种教义给信徒的冲击肯定是无法估量的,也很容易想象到，这也会使信徒疑神疑鬼，怀疑自己是被选中的还是被丢弃的，还会想到自己是被选中的这一"救赎的证明"。

否定了通过教会和神圣的仪式可以得到救赎的可能性，正是加尔文宗从根本上区别于天主教的地方，路德主义至此并未保持首尾一致。(《新教伦理与资本主义精神》，第2章第1节"尘世禁欲的宗教基础")

日本人在这种理论中可以找到似曾相识的感觉，因为加尔文提出了和亲鸾所说的绝对外力概念、机缘思想等相同的神学难题。亲鸾以与禅宗等自力思想相对照的形式提出了外力的思想，然后加尔文又以与天主教教义中的禁欲思想相对照的形式，提出了与他力思想相似的先定论。

亲鸾在提出绝对外力之前贯彻的思想是，对信徒只提倡念经即可，或者连念经都不需要，我想在这种思想里找出它成为引领人们在俗世中得到救赎的信仰的关键。

另外，韦伯同样在外力思想之后发现了"加尔文主义伦理中功利主义生活的起源"。

韦伯预见的未来

韦伯的理论虽然对不熟悉基督教内部矛盾史的我来说难以理解，但我想我较好地理解了新教主义的禁欲，以及基于此的再投资行为对在新英格兰繁荣发展的资本主义产生的作用。

韦伯用略显悲观的诗一样的表达，结束了《新教伦理与资本主义精神》这一划时代的著作。

获得胜利的资本主义现在变成了钢铁的"牢笼",禁欲精神脱离了这个"牢笼"。

没人知道将来住在钢铁"牢笼"里的人是谁,也没人知道这种飞跃发展结束后,是会出现全新的先知,还是往日的思想和理想会有力地复苏。或者两种都不是,而是变成了机械化的化石,摆出一副极不自然的妄自尊大。到了最后,对于文化发展中的"最后的人"来说,下面的话可谓是真理:

"没有精神的专家,没有灵魂的享乐的人类,这种虚无的人自命不凡地认为自己达到了人性的最高阶段。"(《新教伦理与资本主义精神》)

加尔文表示,民众(即广大工人和手工业者)只有在处于穷困之中才顺从于神。当17世纪繁荣的清教徒主导的资本主义到了18世纪,作为旗手的中产资本家、自营农民、小市民中有过的间歇信仰日渐淡化,逐渐转变为工匠的道德和功利主义。

如前所述,在《新教伦理与资本主义精神》一书的最后,韦伯暗示了针对未来的三种剧本。

第一种剧本里的全新预言家看起来并没有出现;第二种剧本里的往日思想和理想也并未有力地复苏;第三种剧本里描述的"最后的人"的自命不凡,引导世界经济缓慢地走向腐败,意图实现悲观的未来,使文明社会陷入混乱。

第一次世界大战与股份公司

工业革命以后,股份公司强大的生产力给世界的工业结构带来了天翻地覆的变化。在以前,人们通过土地收成、狩猎打鱼确保粮食,利用自然的馈赠过着一成不变的生活。工业革命之后,人们通过利用或者破坏自然环境(两种说法其实都是掠夺自然),成功地摆脱了粮食收成不稳定的制约。得花费多日的徒步远途移动和多人移动问题,也因为汽车和火车的出现得以解决,因此对人们而言,距离和时间的概念发生了很大变化。

机器的力量大幅提高了身为自然人的人类的能力,人类梦想着超越自己,科学技术的发展延伸了人类这一梦想。人类可以跑得更快、飞上天空、看得更远、搬运超过肌肉力量的重物,这些都因技术革新而得以实现,生活也发生巨大改变。科技进步自然而然会带来生产力的飞速提高,此前需要一周完成的工作,现在可能只需要一天。人们进而可以把此前几乎仅够维持生存的精力,转而用于娱乐、学习和提高生活质量。

股份公司以秒为单位,从工厂向市场大批量输送商品以满足人们旺盛的需求,积累利润。股份公司承包了从道路、给排水管道、送电等基建,到医疗物资、教育设施、公园等社会资产的完善工作,在此之上还提供了丰富人们生活的电器、汽车、服装、玩具、加工食品和住房等大多数商品。

蒸汽机车是19世纪经济发展的象征,与此相对,20世纪的象征是汽车。汽车因价格高昂,所以曾经只是有钱人的娱乐产品,亨利·福特在1913年将流水作业引进至汽车组装工厂,这种可以实现大批量生产的方式把汽车变成了大众都能拥有的商品。同时,大批量生产使得汽车的价格迅速下降到了大众的能力范围之内。这几乎可以称为一场革命,是大众消费的社会革命。

汽车大众化不仅影响到了汽车领域,也影响到了关联产业。石油、天然气等能源的需求急剧增长,从钢铁、橡胶、玻璃等直接关联领域,到路旁的餐厅和商场等,所有产业都更具活力。当然,汽车大众化也有助于提高劳动领域的就业机会。亨利·福特认为,在福特公司工作的工人理应乘坐福特车。他预料到了大众消费社会的出现,所以进行了设备投资。一个私营企业的生产线革新影响到了全体产业,甚至改变了社会结构。

19世纪至20世纪初,大约也是股份公司和社会关系最好的时代,但股份公司和社会的"蜜月期"在1914年之前就已明显变质。

其间股份公司的企业形态再次发生了巨大改变。近代法人企业虽在20世纪初已经确立,但大部分是资本密集型产业。大众消费社会的出现和技术的发展激化了企业间的竞争,企业为了争夺市场份额,开始追求大型的经济规模,导致企业整合的现象越来越多,出现了整合从重工业产品到普通消费品等广泛领域的联合企业。股份公司的企业形态对此功不可没,因为只有通过收购股份的手续才能完成企业的收购、整合等工作。

雀巢是家瑞士企业,它的销售生产据点遍布所有大陆,覆盖多个国家。据说近年来该企业的销售额甚至超过了瑞士政府的预算。[①]从此,把生产销售据点扩大至其他国家的跨国企业开始成为人们关注的焦点。

[①] 隆多·卡梅伦、拉里·尼尔:《世界经济简史Ⅰ》,速水融监译,东洋经济新报社2013年版。

由于股份公司发端于被赋予战争和条约缔结权等国家特质的荷兰东印度公司，因此确实可以说它本来就是为了跨越国家界限开展商业活动的组织。但20世纪的跨国企业竟拥有销售额超过国家预算的经济实力，跨国企业的利润争夺所具有的强大影响力，甚至会威胁到国民经济。

虽然到1914年夏天之前，欧洲和一些殖民地都因为股份公司的国际分工，再次享受了前所未有的繁荣和富饶，但谁都能预想到，战争的爆发会使这一切化为乌有。仅仅是死亡的军人就多达1 000万人，伤者人数达两倍以上，关于为什么没能避免这四年间（1914—1918）欧洲人的巨大伤亡，有各种各样的解释。不过，在1914年以前，虽然世界经济发展顺利，自由市场的自我调节功能发挥了作用，但还是发生了世界战争。由此看来，或许可以说原因必然在于国家或股份公司带来的财富掠夺战。战争一旦开始，物价、生产、劳动分配等所有经济基础都会受到管制。虽然这些管制会随着战争的结束而被取消，但并不容易恢复到战前的和平关系。

大战前夜的欧洲，工业得到发展，列强基于经济实力和军事实力走上富国强兵之路。自17世纪的大航海时代之后，欧洲列强为扩大版图，通过管理殖民地掠夺财富的竞争异常激烈，奥斯曼帝国在1878年的俄土战争中输给俄罗斯后，欧洲各国代表便集结于柏林，给巴尔干半岛重新划定了国境线。俄罗斯和奥匈帝国之间的关系高度紧张，德国宰相俾斯麦为停止战争，在德国、奥匈帝国之间结成防卫同盟。各国的军事力量和复杂的权力关系相互重叠，列强之间建立了各种各样的同盟关系。法国—俄罗斯同盟（加上英国，签订了三国协约）与德国—奥匈帝国同盟是两根支柱，各国通过外交方面的努力以避免战争，但同时也在开展军备竞争，为战争做准备。

这段时间的工业化发展取得了显著的成就，但背后的支撑是军事需求。在第一次世界大战时，战争已经逐渐发展为武装综合实力之争，包括侦察机、战斗机、坦克、机枪、化学武器等军事武器。

我看过一张照片，上面是埃森克虏伯铸钢厂里制造战舰大炮的生产线。① 与现在的汽车和机器生产线几乎相同，上面摆放着战舰用的大炮。不仅在德国，在英国、法国、俄罗斯都能看见这幅光景。机枪制造技术在这段时间也突飞猛进，军备扩张竞赛的规模同时逐渐扩大，如法国的米特留雷斯枪（Mitrailleuse）、英国的马克西姆机枪（Maxim MK3）、美国的加特林机枪（Gatling Gun）等。

科学技术的进步一方面使国民生活更加富裕，但另一方面也加剧了和平的脆弱性，无论何时，民用科技都有可能转而作为军事技术使用。

这场席卷全欧洲的战争持续了4年，造成军人和百姓的巨大伤亡，保守估计有3000万军人参战，900万人战亡，超2000万人负伤。由于街道战的原因，中心街道遭到破坏，德法中心街道留存下来的照片，讲述了战争的残酷。

尽管伤亡如此惨重，战后复兴也十分惊人，这里也不可忽视股份公司起到的作用。这场战争的规模因民用技术转军用逐渐扩大，与此相对，把军事技术转民用也极大地促进了战后复兴，而其中生产的核心支撑就是股份公司。第二次世界大战的战败国德国和日本之所以在战后实现了惊人的复兴，也是因为战时军事技术最发达、支撑生产的民间企业，在战后通过把军事技术转为民用，打造了复

---

① H.P.威尔莫特：《第一次世界大战史大图鉴》，五百旗头真、等松春夫主编，山崎正浩译，创元社2014年版。

兴的基础。

经济危机与罗斯福新政

毫无疑问，19世纪的科技发展促成了经济的繁荣景象，合理化、低成本化推进了大规模生产。结果欧洲发达国家生产过剩，为了寻找新需求扩大殖民地，后来发展为军备竞赛是具有历史必然性的，而这种必然性是具有讽刺意味的。

这种光景仿佛再现了大航海时代欧洲列强发动的围绕亚洲、非洲、南美的殖民地斗争。在大航海时代，王权国家与冒险商人勾结，组织船队去掠夺异国的财富，而列强的帝国主义便是大航海时代重商主义在300年后的变奏和复兴。

19世纪末，帝国主义国家互争霸权，这个现象看似无法归结出一个理由。

列宁主义解释道，是因为随着资本主义的发展出现了收益递减，大企业开始争夺剩余资本的投资对象；也有人解释这是当时的理性风潮经济达尔文主义导致的生存斗争；还有人说是因为政治上的权宜主义和好战的民族主义的抬头。但我们不能否认，本质原因中包括经济发展导致的生产过剩，因为第一次世界大战开火前的经济发展和后来的生产过剩体现了经济的不稳定性，这场战争也是应对经济不稳定性的一个方案。即便这是最坏的回答，提倡利润至上主义的股份公司也没有阻止这种做法的内在动机。

虽然世界列强经历了难以想象的牺牲和复兴之路上的水深火热，但他们仅在第一次世界大战结束20年后就重蹈覆辙。原因之一是，股份公司与经济部门对不确定的未来做出了积极的反应。帝国主义国家群好不容易造就了国际分工这一脆弱的国际经济体系，在经历了4年多无法估量的破坏后，探索了使本国和世界再次回到经济持续发展的道路。一定没有人想到，这次探索导致了更无法估量的伤害。

即便知道第二次世界大战将伴随更庞大甚至要毁灭世界的牺牲，也没有人能准确回答人类是否可以避免这场战争。确实可以说人类是愚蠢的，但这两场战争的发生轨迹与科技进步、文明发展、民主主义进展相同，正如没有人可以阻止科技进步一样，战争的发生也像是一个自然的过程。站在鹤见俊辅所说的"回忆立场"，可以尽情指责那些是不合理的选择，最终得不偿失。但如果站在"期待立场"来看，也就是以生活在战争时代的人们当时的观点来看，就无法轻易推导出这个结论。①

经过两场战争，只有美国被塑造成了几乎前所未有的经济强国。如吉本隆明所说，美国是用最少的代价渡过大战的国家，战后成为大国引领世界。仅看经济方面，曾经的净债务国美国变为了净债权国，在贸易收支中获得了巨额利润。第二次世界大战后的美国确实成了引领世界的、长久繁荣的模范国家。

自1928年左右起，美国的银行与投资家集中于纽约证券交易所进行投资，证券市场开始了突飞猛进的成长。投机热出现，许多个人投资者也被证券的信用交易吸引。

在实体经济方面，美国的GNP（国民生产总值）于1929年第

---

① "回忆立场"和"期待立场"的说法引自鹤见俊辅在1979年同司马辽太郎的谈话——"《战败体验》应当留下的东西"——中雷德菲尔德的话。

一季度达到最高点，后来开始走下坡路。但由于股价一直在高位波动，所以实体经济的不稳定走势被完全抵消。在所有人都对虚拟股价与实体经济的偏离坐视不管的过程中，发生了2000年之后的泡沫经济及其后来的崩溃。

2008年的雷曼危机重现了这一时期实体经济和金融经济的失衡，我对此记忆犹新。虽然人类会被同一个石头绊倒许多次，但当时的人们只能站在"期待立场"。这对他们来说是难以避免的失误。在可以看清发展路径之后，人们可以言无不尽。但在看不到发展路径的时候，期待和欲望指引着人们前进。

话说回来，最初的世界大萧条开始于1929年10月24日股市的抛售，那是第二次世界大战的导火索。股市开始崩溃，这场崩溃被人们称为"黑色星期四"。

萧条不仅出现在美国，还出现在了欧洲。美国股市的崩溃也对世界经济造成了致命一击。1931年5月，中欧最大银行之一的维也纳安斯塔特信用社（Credit Anstalt）停止支付。经济危机扩大至匈牙利、捷克斯洛伐克、罗马尼亚、波兰、德国，后来又进一步扩大至英国。

1933年富兰克林·罗斯福就任美国第32任总统时，失业者达到了1500万人，大约为工业劳动力的半数。事实上工业已经陷入停产，银行体系也处于崩溃状态。

罗斯福迅速开始了重建工作，在发表就职演说后的100天之内，他以前所未有的速度为经济恢复制定了法律，内容涉及全部产业领域。他毅然实行了罗斯福新政，其中最具特点的法律是《全国工业复兴法》，宛若在执行战时经济管理。正如所有的战时经济管理一样，罗斯福的政策虽然类似于墨索里尼沿袭的法西斯主义式的产业系统化，但目标是维护公众利益。保障劳动者权益，政府通过行使强大的权力实施计划经济。政府成为最终的雇主，借此实现充分就业。

虽然看起来产业暂时恢复了活力，但在1939年还未能实现充分就业之时，美国就突然进入了战争状态。

虽有画蛇添足之嫌，但在2020年，以新冠肺炎疫情为直接导火索，世界经济同时陷入了萧条。3月9日，纽约道琼斯指数下跌2000点，创造了历史最大跌幅。尤其在日本，在因提高消费税导致经济低迷之外，还出现了传染病大流行，GDP（国内生产总值）减少了7%以上。再加上日本银行持有的ETF（交易所买卖基金）中出现账面浮亏，中央银行面临实际上资不抵债的危机。几乎可以确信，这场经济动荡和社会动荡的影响力会超过雷曼危机。不知为何，世界经济的发展趋势变得相当异常。股份公司在对保持市值几乎毫无办法的情况下，必须探索幸存下去的办法。我们有必要防止1939年的灾难重现。

家族形态与股份公司

股份公司最辉煌的时代是20世纪50年代至90年代。在日本，自1955年起经济开始高速增长，股份公司确实带动了日本制造业的发展：在1973年之前，日本制造业一直保持了10%的高增长率。与西欧发达国家比肩之后，从1974年至1990年维持了4%的增长速度，这一速度对发展后的发达国家来说是非常高的。除了美国，日本成为跻身世界第一梯队的经济强国。欧洲发达国家和美国先于日本推行大规模生产、大规模排放废弃物的发展政策，但取得最大成功的是第二次世界大战的战败国日本和德国。

由于两国都是第二次世界大战的战败国，战后复兴成为国内经济的重中之重，必须迅速追赶战胜国的经济。因此日本国民团结一心，在将军事技术转民用的同时，仅用十几年的时间便成功完成了不可思议的战后复兴。

在支撑经济增长的背后，可以说两国股份公司的独特精神功不可没。

据埃马纽埃尔·陶德等人口学家的观点，日本、德国的家族形态是"权威主义家庭（直系家庭）"。在两国的家族形态中，亲子关系是权威主义式的，兄弟姐妹的关系是不平等的，这种形态比起英美的核心家庭形态，更容易实现密集劳动，更适合发挥集体的凝聚力。战后复兴期以两国的家庭形态为基础建立的公司，将这种形态的作用发挥得淋漓尽致。

在思考幻想共同体公司和国家的起源时，我们能够想象到它们的模范来源于历史更久远的血缘共同体——家庭。我会在第Ⅱ部里详细说明这一内容。但以权威主义式家庭形态为雏形的公司，即日本、德国和韩国的公司，是在何种情况下发挥了其强大之处呢？这是一个值得考察的课题。日本的公司精神里包含"灭私奉公"的因素，但牺牲私欲为公司贡献的企业劳动者，更适用于以低成本维持高生产力的情况。当然，这种模式是否会给劳动者带来幸福感，是否能提高劳动者的生活质量则另当别论。只不过不可否认的是，在资源匮乏的情况下，为了整个共同体可以发挥出最大的光和热，这些公司组织更倾向于采用集体主义的体制。

从江户时期至明治时期，日本公司几乎都是在保持家族形态的前提下扩大的。后来的大财阀三井就是一个典型。巨商三井起源于江户时期做酒和味噌买卖的"越后屋",业务逐步扩大至三井和服店、京都室町的京和服店以及货币兑换业,这些业务构成了三越百货的前身。三井的核心三井家族是一个日本式家族共同体,渗透了以血缘为基础的牢固的集体观念。

作家山崎丰子出生于大阪船厂的一家海带店,她在小说《暖帘》中刻画了一家两代船厂商人在战时和战后的艰辛与成功,清晰地表现了家族企业的实态与日本特有的企业精神。读者可以从中了解到日本的权威主义——家族传统——直接转变成公司形态的过程。这部小说已被改编成电影,由著名导演川岛雄三执导,森繁久弥及山田五十铃担纲主演,大家有机会可以看看这部电影。维护暖帘就是维护家族,在做生意时绝不给暖帘蒙羞,这样的想法已经与当时的船厂商人融为一体,是他们最重要的价值观。

在这种传统家族经营尤其是商人家庭里可以看到的等级制度,如学徒、管事、总管、大总管、少东家、东家,看似与西欧公司的职务等级制度是对应的,如普通员工、股长、科长、部门经理、总经理、董事长,但内涵完全不同。

在大多数情况下,不给学徒发放工资,但会无偿提供饮食和住宿。当然也有发工资的情况,但几乎只够用作零花钱,这个金额并不取决于他们的工作成果,而是取决于工作年限。

学徒与后来城镇上的街道厂里的包住员工一样,是家族的一员。公司是学徒除了老家之外的另一个家,东家近似于他们的父母。日本公司在发展过程中直接把这种家族制度代入了公司。战后,家族制度被废除,经济高速增长以后,家庭形态也趋向于核心家庭,但公司里还残存着家族制度的精神。

在德国,公司是从工匠基尔特发展而来的,其中也残存了权威主义的价值观。观察莱茵河流域现存的玩具、乐器、钟表等中小企业群就会发现，这与战后日本接连涌现的中小微企业群十分相似。

公司与家族形态相似，理所当然也会给工人的劳动观、价值观带来巨大影响。

在20世纪80年代，日本从经济高速增长期进入了相对稳定的时期，成为名副其实的世界第二大经济强国。源于家族式经营的日式管理（年功序列、终身雇佣）成了发展的根本动力之一，这一现象值得人们关注。

欧美发达国家利用股份公司来募集资金，通过在公司体系内部编入投机系统（资本与经营的分离、股东的有限责任制、股份的自由转让），一举扩大了资产负债表的规模。与此相对，日本的股份公司类似于扩大版的家族共同体，扩大了家族这一基于血缘关系的共同体。

当然，并不能用一句话断定，比起欧美发达国家的股份公司体系，日式的管理更胜一筹，每种体系必然各有其优劣之处。可以确定的是，在近代以后人口增长、技术革新、社会趋向于消费型社会的时代背景下，最小化成本的同时集中劳动力的日式管理确实发挥了自己的优势。

欧美发达国家当初完全无法理解日本经济的强大之处，他们最终得到的结论是，因为日式管理具有特殊性，日元汇率低，使得日本拥有了出口竞争力。从自由经济竞争的观点来看，无论是哪种原因，都是指责竞争不公平的奇怪言论。以英美为中心的经济部门为削弱日式管理的优势，将矛头瞄准了日元的升值与金融护航体系（家族式经营的延伸）的解体，这一战略看似卓有成效。

1985年，五个发达国家的央行行长和财政部部长通过会议达成了一致意见（《广场协议》）。协议的实际目的是削弱日本银行集团的融资能力，借引导日元升值降低日本的出口竞争力。当时日本正处于泡沫经济的顶峰，甚至把美国的地标和企业都收入囊中。比如三菱地产收购了洛克菲勒中心，索尼收购了哥伦比亚影业公司等。

尽管《广场协议》企图引导日元升值，但丰田汽车等日本企业与之对抗，付出了惊人的努力，保持了日元的竞争力。

1981年，罗纳德·里根就任美国总统，他将目光转向新自由主义政策，如重视市场原理和民间活力、倡导给企业减税等。他为了同玛格丽特·撒切尔领导的英国统一步调，迫使日本通过推进结构改革来解除关税壁垒。

签订《广场协议》之后，以美国为中心的欧洲势力为减弱日本银行的融资能力，于1988年在瑞士巴塞尔制定了国际标准。可以说，这是以完善银行的名义改变了规则。这就是BIS管制，要求自有资产比率不超过8%的银行必须退出国际业务。

1991年2月，日本泡沫经济崩溃。日本银行通常把潜在财产也统计为自有资产，2001年，日本银行采用现值会计这一新的会计标准后，自有资产率大幅减少，只能通过合并来重组企业，进而提高自有资产率。

1990年，英国《金融时报》发行的月刊银行业杂志公布了年度银行排名。住友银行、第一劝业银行、富士银行、三和银行、三菱银行、日本兴业银行分列第1至3位、第5至6位和第10位，日本银行占据前3位，6家银行居于前10强。至2010年，仅仅过了20年，前10强便再无一家日本银行。

1990年至2010年间，日本所处的经济环境形势大变。自不必说，在银行背后促成这种变化的是一系列大型企业。由于这种环境变化，国民国家中孕育出的企业文化也不得不做出改变。

　　触顶的日本经济被全球化浪潮吞没，同时，股份公司的力量甚至开始与国家力量匹敌。

第 I 部 总结

▼

我将在这一部分总结第 I 部的内容。在序章里，我写下"我想考察股份公司的本质和存续原因，考察它在虫蛹时代、幼虫时代、成虫时代以及大概可以称为妖怪时代的时代，股份公司表面与其内部蠢蠢欲动的生命力"。

这些不同的时期几乎与每100年就会出现的大事件相对应。比如1600年前后东印度公司成立，1700年前后出现最初的公司泡沫，1800年前后发生了市民革命和工业革命，1900年前后出现了大众消费型社会和战争。

通过总结不同时代发生的事情，可以概览股份公司形成的400年；通过构想之后的100年（2000—2100），可以得到关于股份公司500年经历的启发。有关最后的100年，我会在第 II 部的最后一章里详细论述。

鹤见俊辅从美国人类学家雷德菲尔德的著作《小型共同体》(The Little Community)中获得启示，常提及"回忆立场"和"期待立场"。他表示，"回忆立场"是指站在已经知道后面历史的发展轨迹的情况下分析过去，"期待立场"是指站在无法预测后续历史何去何从的立场上描绘未来的图景。重要的是，他强调了"不混淆当时的看法和回顾那时的现在的看法，把期待的立场同回忆的立场区分开"[1]的必

---

[1] 鹤见俊辅：《期待和回忆》，朝日文库2008年版。

要性，我完全同意鹤见俊辅的观点。

我在第Ⅰ部中描述的方法论，是我一边假设自己处于状况频发的地区，想象当时人们所拥有的"期待立场"，一边推论得到的结果。

描写得好与坏只能任凭读者判断，但我在书写股份公司历史的过程中，没有仅仅通过罗列历史事件进行分析，而是常常思考如果自己身处那个时代会有何种想法，有何种行动。

股份公司经过了400年岁月，历经多次冒险与试炼，一直延续到了现在。在1600年至2000年间的所有百年历史节点，社会都发生了巨大的变化。所有节点都是飞速进步的时期的开端，经济大幅增长，人口增加，价值观有所改变。在这些时代转型期，股份公司这一为实现人类欲望的体系也得到了巨大的发展。

但在2000年的节点以后，股份公司第一次遭遇环境变化。处于持续发展结束后的时代，如妖怪一般壮大的股份公司所面临的最大考验便是如何存续。

在此前的时代转换期，人口增长，促使新的消费阶层出现，只要能做出商品，就有销售市场。但在人口减少、经济发展停滞或倒退的时代，股份公司存在的根本，即大规模募集资金导致的大规模生产，都面临供给过剩（需求不足）的难题。结果导致公司为保障股东利益，一方面不得不极端地削减成本，减少人力成本这种固定费用；另一方面必须寻找新市场，在地球上开发新阵地，或者在商品市场之外的金融领域开拓市场。

股份公司500年历史概览

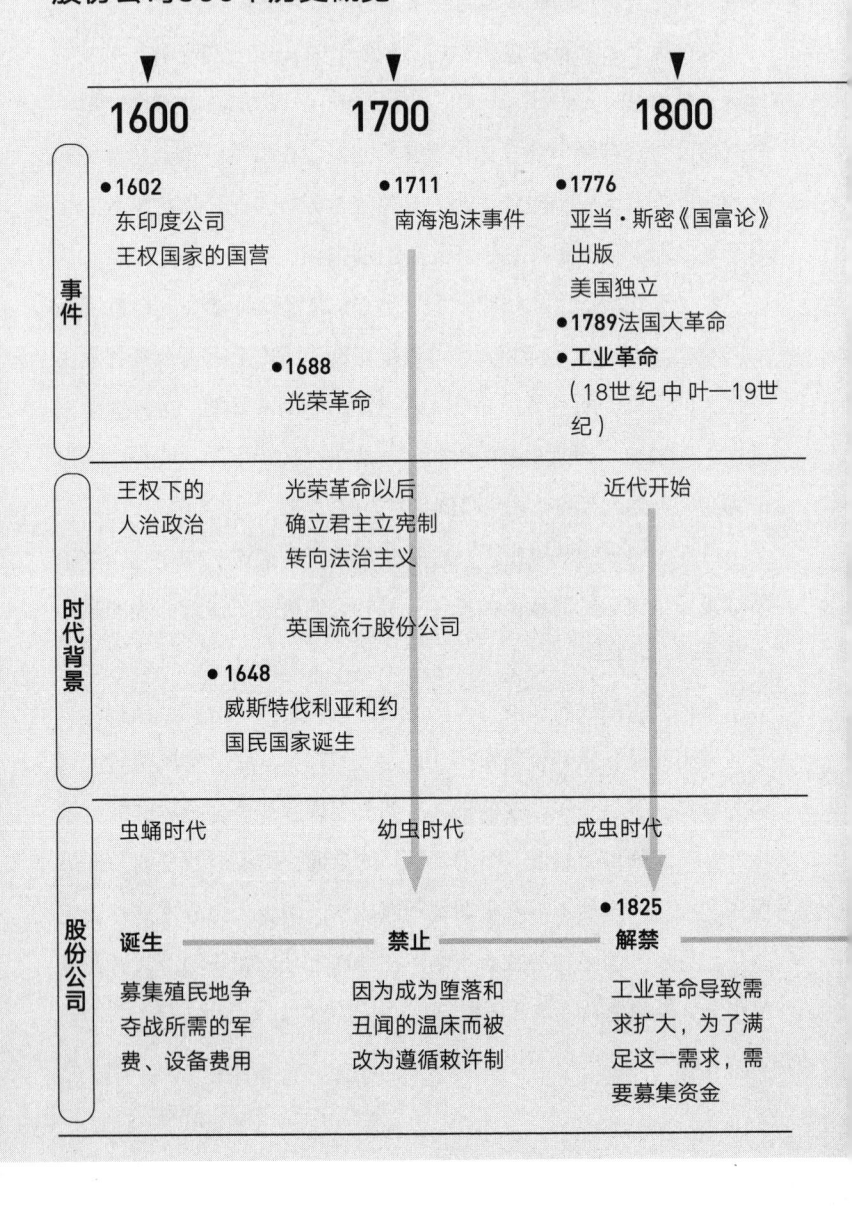

	1600	1700	1800
事件	●1602 东印度公司 王权国家的国营	●1711 南海泡沫事件 ●1688 光荣革命	●1776 亚当·斯密《国富论》出版 美国独立 ●1789法国大革命 ●工业革命 （18世纪中叶—19世纪）
时代背景	王权下的 人治政治	光荣革命以后 确立君主立宪制 转向法治主义 英国流行股份公司 ●1648 威斯特伐利亚和约 国民国家诞生	近代开始
股份公司	虫蛹时代 诞生 募集殖民地争夺战所需的军费、设备费用	幼虫时代 禁止 因为成为堕落和丑闻的温床而被改为遵循敕许制	成虫时代 ●1825 解禁 工业革命导致需求扩大，为了满足这一需求，需要募集资金

```
―――――――――――▼――――――――――▼―――――――――――▶
            1900              2000             2100
```

- 福特主义
- 1917
  俄罗斯革命（中国
  常称的二月革命和
  十月革命） 金融（南海泡沫事件的反冲）
- 两场世界大战   • 2008
                         雷曼危机

人口激增   全球化=股份   股份公司的
                公司的殖民地   生存战略
                政策
市民阶级繁荣   人口减少
▶中产阶级带来了
消费时代
                                开拓新市场或
                                创建新市场

                妖怪的时代

——— 扩大   ①全球化战略
    遵循萨伊定律的   ②战争
    市场繁荣   *与东印度公司
                                相同

第 II 部

股份公司的『原理』与『病理』
——公司理念

第6章 理性经济人

股份公司的所有人

这部分内容虽然是改写2007年出版的《名为股份公司的病》（NTT出版，后改为文春文库出版）后的成果，但在分析股份公司的现状时，我再次把它推到了各位读者眼前。当然，我已经更新了老旧的信息，也对文章做了大篇幅的修改。

在第Ⅰ部中，我简单描绘了股份公司将要诞生的时代，也尝试描写了股份公司内部在黎明期埋藏的病根。在此基础上，我通过深入马克斯·韦伯的著作，分析了股份公司是基于什么条件、被谁创造出来的，之后又是谁以股份公司为温床，发挥了其作为资本主义发展根本动力的杠杆作用。

在第Ⅱ部中，我会基于自身的体验和身处股份公司一线的立场，围绕股份公司的现状，讲述股份公司的力量源泉和面临的危机。

在公司内部产生的思考方式，与我们个人的思考方式、处世常识不尽相同，有时还是相悖的。直觉告诉我，这些矛盾恰好能体现公司的本质，我将尝试以此为起点分析股份公司当下存在的问题。

换句话说，我们有必要明白，我们不仅不太了解自己创造出来的法人，有时我们的个人准则还有被法人准则替换的风险。

法人不过是幻想，但个体却被法人洗脑、控制，有时还会面临生存威胁。借助奥姆真理教这样的邪教团体和信徒的关系，法人与个体的关系就变得容易理解了。也可以不用宗教团体来举例，吉本隆明曾在《共同幻想论》中清晰地表述，"法人"是一种幻想的共同体，把共同体联系起来的共同幻想与个人幻想是相反的。

我想先一边参考吉本的论述，一边探索股份公司不可思议的特质。

股份公司这一具有法律人格的事物拥有一种价值观，它既没有聚集也没有代表我们每个人的价值观。

虽然我们知道公司会有命令，但发出命令的既不是总经理也不是人事部，毫无疑问是"公司"这一虚构人格。从原理上来解释的话，股份公司的所有人（即股东）把经营权委托给了总经理，从这个意义上来说，总经理甚至不是公司的代表，"代表董事"只是代表董事这些管理者的职务名称。

我们一直以为自己很了解股份公司。那是我们一直往返的地方，我们从这个组织获得生活的来源，它是我们与同伴一起创造的共同体。我们在股份公司的内部作为业务员、股东或经营者，可以参与公司运营，发挥自己的影响力。

但当真如此吗？例如关于公司给人类带来的影响，我们究竟了解多少呢？我该怎么说明尽管本来我们是这一幻想共同体的主人公，但共同体如今正在控制着我们呢？正如电影《2001太空漫游》中，操纵宇宙飞船的电脑HAL9000失控并违抗了人类一样，人类创造的公司甚至企图惑乱人心。其原因是什么呢？

公司首先是创造利益的组织，经济原则处于最优先的地位。

公司确实是为了利益而存在的组织，但在其中工作的是有血有肉的人类，人类并非只靠功利心活着。不，如果人类分为疯狂追求功利和舍己为人两类，那么他们既无法相互兼容，也无法和谐共存。但实际上，全世界任何地方都不存在这两种人，一个人即使功利心特别重，也无法仅仅依靠功利心就能生存，虽然这个道理乍一看是矛盾的。或者反过来说，即使是舍己为人、充满善心的人，如果不在某方面追求功利，那么也是无法生存的。所谓公司，就是既不完全功利也不完全舍己为人的人类创造的幻想共同体。正因如此，公司里才会发生悲剧，人们有时也不得不做出喜剧性的行为。

为所欲为的理性经济人

在2000年前后，也就是全球化、新自由主义等思想席卷世界的时代，村上基金的村上世彰作为一名激进股东，因恶意收购股票而扬名，后以涉嫌违反证券交易法的罪名被逮捕。在被捕前的记者见面会上他大喊："各位，赚钱是坏事吗？"

村上世彰的人生是一条精英发展路线。他毕业自滩高中、东大法学部，曾就职于通商产业省。对他这样的人才来说，赚钱可以证明自己的存在价值，或许已经成为人生的目的。了解村上世彰在这一时期的行为后，我联想到光明俱乐部的山崎晃嗣，他在战后因地下金融发迹，最后选择自杀。

他在制定一个目标后，会在某种意义上义无反顾地、采用合理的行为去实现这一目标。从大航海时代以前起，任何时代都会出现这样的角色，但出现在现代又包含了其他意义。其中体现了现代的一个特征。他们的目的与股份公司的目的几乎一致，可以说，这一人群体现了股份公司的特质。

我曾经写过，股份公司的目的是创造利益，这也是人类都具有的目的。只不过与股份公司不同，对人类而言，创造利益只不过是众多目的中的一个，并非唯一。我所理解的"现代的特征"是指这样一种价值观：在现代，人们丢弃了金钱合理性以外的诸多目的，只一味地追求金钱至上。

如果我没记错，村上世彰在见面会上说完"赚钱是坏事吗？"之后，有记者小声嘟囔："倒也算不上坏事。"

针对这个问题，我认为赚钱不是坏事，但我并不认同问我"赚钱是不是坏事"这种行为。因为那不是提问，而是在质疑别人难道不想赚钱吗。

我虽然对村上世彰并无任何怨恨之情，但我在他的话里感受到了异样。

任何人都想赚钱，因此任何人都无法否定赚钱这一想法。任何人都有赚钱的自由，但是这绝对不同于公开表明想赚钱、认为赚钱才是正义之举的态度。他或许认为是因为有人嫉妒他赚得太多而暗算他，但事实并非如此。人凭借自己的才能和努力，不管赚多少钱，都只会得到他人的赞赏，而不是厌恶和嫉妒。如果在法律范围内公平交易，也不会得到不该有的罪名。但如果触碰法律的底线，进行不公平的交易，则另当别论。如果他通过游走于灰色地带积累财富，那么人们只会认为他是个可疑的人。马克斯·韦伯在《新教伦理与资本主义精神》的结尾提出，近代资本主义之后出现了资本主义的妖怪式发展，或许可以说，这种发展就是因为灰色地带扩大而形成的。

　　世人并非嫉妒村上世彰，也不是基于法律批判他，而是因为感受到金钱践踏了不可触碰的领域，所以才厌恶他。"不可触碰的领域"显然有些模糊，通俗地说就是用金钱买卖了本不是商品的事物。金钱虽然在商品面前是万能的，但在非商品的人类的精神领域（也就是自尊、义理、人情味、友爱和毅力等面前）则是无能为力的。即使在人类精神之外，也有很多事物不是商品，如医疗、教育和宗教等。当然，这些领域在一些情况下也会成为商品，但我们必须把医疗和教育等社会的共同资产与商品经济区分开来。

　　村上的买卖对象——公司——是商品吗？大家对此持不同意见。如果参考经济术语"外部效应"或者"邻里效应"，那么将难以想象把公司当作商品来买卖会对人的内心产生多大的影响。对许多员工来说，公司被收购并不单单意味着公司换了个招牌，等待他们的将是以经济原则为指导的裁员和新企业文化的引进，甚至连他们一直以来倾注心血的工作也可能面临重组。对他们来说，公司不是随时可以变换的商品，而是自己塑造的环境，是养家糊口的"生活场所"。因为企业被收购，这个"生活场所"可能会被自己之前并不熟知的人控制。虽然作为"生活场所"的公司或许是可以变更的，但它不像商品一样可以在等价交换的市场里交易。员工有权利表示："赚钱是你的自由，但希望你不要在我眼前表现出唯利是图的样子。我们不是一条路上的人。"

不管嘴上说什么，村上对那些努力经营自己生活的人，一定是缺少关怀的。

被收购一方的情感大概就是这样。只不过这个问题本质上并不是情感问题，而是股份公司的特质中存在的问题。

近年来，在教育、医疗和福利事业一线，甚至在家庭中，追求效率的市场主义价值观对人们生活的影响已经超过了必要的程度。在优先实用科学的风潮中，商人无论是在学校还是在医院都大摇大摆。对赚钱和出人头地没有帮助的文学和哲学等学科，必须面对被停办的风险。即便被保留了下来，也不得不忍受自己对大学的生存竞争没有贡献、是大学的负担这一观念。

实际上，经济领域的价值观对我们的生活拥有这么强大的控制作用，是我万万没有想到的。经济价值观变成了庞大的野兽，甚至可以说，现在的人类已经成了爱德华·斯普兰格100多年前曾提及的理性经济人（Homo Oeconomicus），这意味着经济合理性变得可以控制人类的行动。

人人都喜爱金钱，但并非只为金钱而活。为了金钱努力工作与只为了金钱而工作，二者截然不同。在前者的观念中，金钱是和原本的目的事物交换的媒介；但在后者的观念中，金钱本身即目的。在后一种情况下，其实并非为了钱去工作，而是被金钱驱使着去工作，构成了主客颠倒的关系。金钱的力量越强大，两种观念的边界就会越模糊。仿佛有人在向人类宣告，人类实际上是为了金钱而生。必须有人开出一剂药方，使人类恢复如前。

合理性的边界

　　股份公司里的出场人物（股东、经营者、业务员、顾客），看似会按照经济合理性的标准各司其职，也就是说，他们会遵循各自的欲望自由地行动，但这种做法未必会给全社会带来合理的结果。

　　除了第Ⅰ部中考察的股份公司诞生的时代，近代之后甚至还没有出现环境问题。企业遵循自己的经济合理性，一往无前地开展生产活动。对生产活动中形成的废水和煤烟的处理，一直以来都被排除在企业活动的机制之外。本来这些事都是企业的责任，是企业必须承担的成本，但当时的人们根本没有把环境问题当作企业的责任这种意识。

　　有报道显示，日本的许多大企业没有受经济形势影响，收益达史上最高，但它们并未关心背后有多少分包交易的价格被下调，有多少中小微企业面临困境。从企业的价值观来看，大企业本身是一个自律的机制，它的注意力不会放在成本被压缩的外部环境。

　　劳动者会为了捍卫自己的生活而要求涨薪，但这可能会导致失业者越来越多，也就是凯恩斯所说的非自愿性失业。米尔顿·弗里德曼表示，由于实行了最低工资标准，因此只能提供最低标准以下价值的人必然会失业，他批判了政府干预劳动市场的行为。[1] 弗里德曼解释，因为受雇者会遵循自己的经济合理性，不会增加价值差异。由于有最低工资标准的规定，创造的价值达不到标准的劳动者只能面临失业的结果。

---

[1] M&R·弗里德曼：《自由选择》，西山千明译，日本经济新闻社1980年版。

简单来说就是，任何公司都不会给没用的人付工资。单从商业的一线情况来看，弗里德曼的言论貌似与现实相符。

人类世界的分裂以阶级对立之外的形式显露了出来。现在人类世界的分裂以有产者与无产者、富人与穷人、施令者与服从者、享受者与奉献者等矛盾形式呈现，简单来说可以称之为差距固化。人们相信矛盾双方的对立局面是暂时的，是可能交换的，如果满足一定条件，富人与穷人随时随地都有可能互换身份。

但是大家都知道，这种事情几乎不会发生。因为公司不是与人为善的组织，它不会向处于困境的人们伸出援助之手。如果存在使公司蒙受损失的地方和对象，公司就一定会毫不留情地采取措施。如此一来，生产力低下的劳动者就会被公司放弃。公司出于自私的目的削减社会成本导致环境被破坏，违反规则的行为越来越多。

即使了解了这些现象并采取了合理的应对措施，也无法解决这些社会矛盾的根源。因为解决方案总是局限于导致这些现象的机制内部，解决措施很多情况下只是把矛盾揪出来扔到了机制外部。例如清理了池子中的污泥，池子会变干净，但污泥必须被运往别处。

如果不设定框架，合理性这个概念就是没有意义的。在我们提出合理性之前，地球与我们就已经存在了。我们一直以来都身处在只有局部最优、整体尚未达到最优的世界。

亚当·斯密描绘的市场原理是指，即使个人为了实现私欲去工作，世界也会被"看不见的手"调节至最优化的状态。这一原理在面对经济差距扩大、环境问题日渐严重等现实课题的时候，也能有效地发挥出作用吗？

当下股份公司难道不是因为追求最大程度的局部最优，才损害了全社会的利益吗？那么为什么会发生这种情况呢？

接下来我的论述可能略微有些牵强附会。我大多数时间都是在公司里度过的，也曾成立过几家公司，在其中受益良多，因此自然而然会思考公司和自己的关系。重要的不是我的个人经验，而是我的个人经验里包含了许多在公司工作的商人所面临的共同问题。

第7章 股份公司的特质

股份公司法人的人格

如果你身边有这样的人：他特别爱财，只对赚钱感兴趣，避免一切不必要的花费，不跟无用的朋友往来，喜欢把责任推卸给别人，严以待人甚至会通过排挤对手等手段来展现自己，你会怎么办？

如果是我，我大约会尽可能地避开他。尽量不和他打交道，即便他托我办事，我也会找个合适的理由拒绝，大概永远不会想同他一起喝酒。我不会劝告他世界上除了金钱还有其他可贵的东西，这实属鲁莽之举。因为他就是一个重度拜金者，太过执着于金钱，认为金钱才是人生的目的，不顾一切地想出人头地。只能说他具有病态的人格，做人缺乏分寸。他需要的不是劝导，而是在人生的某个阶段察觉到自己的选择最终会是得不偿失的。不过，或许他会顺顺利利地获得财富和舒适的生活，有全家陪伴，幸福地度过一生。虽然概率应该不高，但肯定也存在这种情况。

其实许多现代人对这种生活方式有共鸣，旁人无权干涉，因为这是个人的自由。另外，他深信只有金钱才能体现人生的价值，选择背叛和储蓄的生活，也是他的自由，任何人都没有公然指责的权利。只要不犯罪，他就是市民社会中善良的一分子，任何权力都不可强行改变他的选择。

即便如此，我还是希望这种人尽量不要出现在我的周围。他选择什么样的生活方式，拥有什么样的想法是他的自由，同时我不想同他有牵连也是我的自由。但指责他的病态谈不上是我的自由，因为我并没有权利去判断他是病态的而我是健全的。这种情况下的弊病始终是相对的，有时可能他更健全而我更病态。

但重要的不是辨认哪一方健全、哪一方不健全，而是通过积累误判的经验，不断摸索，提高对弊病的耐受性，或者找出弊病的危害。饮酒和吸烟对上瘾的人来说确实有害，但对这些行为过于敏感，想完全清除这些行为则是另一种病。双方需要各自懂得分寸，需要慢慢发展。我认为这是比较现实的看法。

虽然有些不可思议，但如果仅讨论法人这一法律赋予的人格，那么大多数法人宛如与生俱来一般，从最初就带有上述拜金者一样的特质。更让人意外的是，任何人都不曾质疑法人的缺陷，而且我们不能在与法人（股份公司）毫无关系的条件下生活。我们被赋予了一种宿命，必须在我认为有弊病的这个组织里度过一生中的许多时光。我们应该如何看待这件事呢？当下公司正是拉动世界发展最重要的牵引力，它实际上具有先天的不足，而我们深陷其中。至少，如果用股东资本主义等观点看待公司，公司应有的形象就会无限接近上述拜金者的特质。

或许会有人反驳，事实并非如此，公司也会给社会提供人们想要的商品和服务，它还保障了就业，对人们的生活有所贡献。确实如此，但那也可以理解为，是因为相信有回报，公司才尝试与社会握手言和。可在雷曼危机过后，大型企业肆无忌惮的裁员行为，轻易地将以前的终身雇佣、不开除任何一个人的美德置于不顾。我们应当心存戒备，警惕公司会在某时为了自保而背叛人类。尽管如此，人们还是对公司毫不怀疑。

我们假设公司具有与上述相反的特质，不执着于金钱，而是当员工有困难时，就算明知徒劳也会帮忙，会向拮据的员工伸出援助之手；把他人的责任当作自己的责任，与人为善；总是谦虚地接纳实实在在的现实。如果公司是这样一副形象，当真会有投资者打算投资这种公司吗？只要不是慈善家或者疯得不省人事，在任何人看来，投资这种公司都是没希望获得收益的。反而是下述这种公司才对投资者具有吸引力：它拥有无止境的欲望和击溃竞争对手的力量，不放过任何一线赚钱的机会；为解决本公司的风险而制订滴水不漏的计划，表现出充满自信的样子。

若是如此，股份公司就成了人类的贪婪创造出的化身，它合法地实现了我们作为社会成员被禁止的自私霸道。这就是从原理上考察股份公司的开端。

米尔顿·弗里德曼与亚当·斯密

我们从乔尔·巴肯的《公司》一书中可以了解到，作为市场原理主义的第一人、诺贝尔奖获得者、享誉世界的经济学家米尔顿·弗里德曼主张，为了使股东的利益最大化而竭尽全力，既是企业的义务，也是企业的道德。他还说，慈善是不道德的，是一种恶行：

> 比起利益，优先考虑社会和环境的经营者——希望表现出道德感的经营者，实际上并不道德。①

关于米尔顿·弗里德曼作为货币派学者的经济学说，由于我并非经济学专家，因此不做评价。不过只要读了他以普通人为大众写下的《自由选择》②，连我都能明确地判断出他是一名市场原理主义者，他相信市场的威力，只认可亚当·斯密提出的"看不见的手"对市场的调节作用，还主张是每个人的利己行为驱动了人类社会的发展。

米尔顿·弗里德对政府干预市场深恶痛绝。可以看出，他认为市场是完善的，市场的参与者公司和消费者都是健全的，有缺陷的是那些假冒的平等主义者，他们不认同人类的无穷欲望所具有的效果。

上述观点究竟是基于何种逻辑推导出来的呢？

我们来看看米尔顿·弗里德曼曾引用的，市场主义之父亚当·斯密的看法。

---

① 乔尔·巴肯：《公司》，酒井泰介译，早川书房2004年版。这部分的原新闻素材来自Hadden, Tom., *Company Law and Capitalism*, London: Weidenfeld & Nicolson, 1972, p. 14.

② M&R·弗里德曼：《自由选择》，西山千明译，日本经济新闻社1980年版。

朝着产品价值最大化的方向经营产业，是为了实现个人的利益。因此在这种情况下，正如在许多其他情况下一样，个体被看不见的手指引，推动实现自己完全没有意识到的目的。个体完全没有意识到，并不一定意味着比起意识到的情况要有害于社会。比起个体经常意识到要实际促进社会利益，追求自己的利益可以更有效地推进社会利益的实现。从未听说过，那些声称为了社会做生意的人真的增进了社会福祉。[1]

初读亚当·斯密对市场的这种分析时，我感到茅塞顿开。人如果期待从对方那里得到什么，就不能渴望对方大发善心，而是要期待对方拥有利己之心。这是因为"只要人们的协作完全出于自愿，那么如果在交易中双方均无利可得，交易就不会发生"。亚当·斯密的一双慧眼，他发现社会体系不是受义务驱动的，而是受人类原本具有的无目的欲望驱动的，而且这种欲望会在市场里自动调整。我认为因为这一发现，人们才开始科学地分析市场。市场内部具有自发成长、自我调节的能力，经济学通过探索这种必然性成了一门科学。

米尔顿·弗里德曼认为"自由"的意义是，人类原本的欲望不受任何限制，而后从亚当·斯密的论述中可以得出结论，公权力干预市场会扭曲市场具有的自我调节能力和自我恢复能力。亚当·斯密认为个人欲望有助于社会利益的实现，米尔顿·弗里德曼将这个看似不合常理的观点再次翻转，得出结论：

如果人们试图加强政府干预为公共利益服务，就会"被看

---

[1] 亚当·斯密：《国富论2》，大河内一男监译，中公文库1978年版。

不见的手指引","实现""自己完全没有意识到"的个人利益。
(《自由选择》)

实际上,亚当·斯密所言并未至此。相反,他在《国富论》中提到了教育设施和公共事业等,阐述了尽管个人或者少数个人未曾从这些事业中收回成本,但这种事业和设施是有必要的。

对我来说,亚当·斯密话中的逻辑是可以理解的,我认同他的观点。他提及过度分工会导致个体丧失人性和税收的递增性等内容,认为应当用富人的懒惰和虚荣接济穷人。我认为这些论述放在现代的政治经济条件下也十分具有说服力。

这样看来,米尔顿·弗里德曼就比亚当·斯密缺少了一个要素,即对本人言论成立范围的自知之明。亚当·斯密虽然认为分工会促进社会发展,但他充分察觉到了那样做同时会磨灭人性,所以我们可以从他身上同时看到学者和启蒙家这两种形象。与此不同,米尔顿·弗里德曼的讨论看似更以政治性选择为重。所谓政治性选择,指的是比起做出正确的选择,更优先衡量得失。他认为自己的观点没有瑕疵,他这样的学者在驳倒对立学说的同时不会表露出任何弱点。在《自由选择》中,他列举出了政府干预、福利政策、结果平等主义是如何危害社会的,并且质疑了对立学说的合理性。

如果直接在企业中推广米尔顿·弗里德曼的原理,就会推导出企业的责任,即把所有资源只用于使自身利益最大化这一结论。现在日本的企业家们以及西方发达国家的企业家们,即使没有读过他的著作,大概也都在践行他的观点。政府也以经济发展为第一要义,向这些企业家提供援助。因为他们认为,这种战略在当下最具实际意义,具有竞争优势和相对优势。

弊病的两面性

股份公司追求无穷尽的自我增值，这一弊病在社会环境中常常表现出正反两种效果。一个非常显著的例子就是，经济发展和破坏环境共存的局面，但其对人类内心的影响尚未清晰，人们不应当轻视这种不可见的影响的力量。话虽如此，但人类的精神当真会被自己创造出来的魔鬼控制吗？因为股份公司从诞生之初便一直携带的病根起源于人类心里的欲望，所以拆除欲望的刹车装置的也应该是人类自己。

不过即便处于公司内部，也无法辨认欲望这种弊病。如果从公司外部来看，那便只是单纯的企业利己主义。

经过漫长的时间，它的面貌就会清晰可见。想要了解股份公司的弊病，就必须像表演杂技一样，同时站立于股份公司内外两边的落脚点，或者必须拥有站在遥远的未来观察现在的想象力。二者皆非易事，但若要考察创造时代的事物构造，除了站在这一构造的内外、现在和未来的交界处去思考，别无他法。

我再次想到了《国富论》的结尾。实际上，亚当·斯密为了说明国家与国民最健全的关系，采用的标准排除了政治上的独断偏见与个人的主观意见。许多人已经忘记《国富论》是探索国家与国民关系的成果。

他如此批判英国的殖民地统治和霸权主义：

> 现下，我国统治者或应当实现这个国民与自己皆沉迷的黄金梦，或应当在实现不了的情况下，率先从梦中醒来，再努力唤醒国民。无法完成的计划，须得舍弃。无论大英帝国的哪片

领土，如果不能使其为了帝国整体的存续有所贡献，现在大不列颠就应当免除战时这些领土的防卫经费和平时政治军事的设施经费，努力使对未来的展望与构想，合乎基于实际国情的立国之常道。①

亚当·斯密写下《国富论》的目的，是把国家从追逐黄金梦的统治者手中夺回还给国民吗？在我看来，尽管从国王手中解放了市场，把国家财富的概念从国王的所有物变成了国民的劳动力，但取代了利欲熏心的当权者的股份公司，又在以其他形式继续追逐着黄金梦。

服从于国王或者对国王阳奉阴违的大众，在股份公司的时代到来之后，依旧不能选择自己为自己做主。因为大众在摆脱国王之后，反而更容易服从于股份公司和市场。

便利性之外的丰富性标准

我们来看看当今公司的具体问题。

公司为了追求利润，进行无情的利益诱导，认为道德一文不值，不应当表现出一副有道德的模样。即使我们曾对此感到明显不适，但想着公司本就如此，便认同了这种做法。

我们为什么允许这种行为？又是如何把这种行为合理化从而认可公司的呢？

难道是我完全误解了，公司是对社会有贡献，使人们过上富裕生活的强大且合理的体系？或者应当认为，公司是个中性的组织，

---

① 亚当·斯密：《国富论3》，大河内一男监译，中公文库1978年版。

它的善恶性质随着时间和场合的变化而变化，所以应该用法律为企业的利己心划定许可范围？每种考虑都各有道理，但也不尽其然。

当然，我并非主张把公司定义为恶者，建议公司最好从这个世界消失。即便我这么想，也不会如愿。我只想说公司内部含有弊病，因此必须明确问题所在。那么公司的弊病为何？我们应该如何调解其内部的习惯、价值、伦理同外部的偏离和分歧呢？

即便不包含米尔顿·弗里德曼这样的市场原理主义理论家，所有人还是都认同，追求利润的企业活动作为根本动力，发展了国民经济，促进了社会进步，消除了不便与贫困，使人们过得富足。

由于企业活动的成果，市场充满了商品，人们从企业中获得了维持生活的基础，生活确实变得方便了，平均生活水平提高了。但是这种富足同时也掩盖了不公的现象，制造出了新的社会问题，如环境问题和差距问题等。换句话说，人类未必因为经济发展变得幸福了。当然，我知道这种说法模糊不清，无法进行实证。于是我想进一步试着分析这些问题。

经济发展是有必要的，而且今后只要人类还有欲望，就不会停止追求经济发展，但衡量便利性和富裕程度的标准原本就不相同。从我的亲身感受来说，现在并非我体验过的最富裕的时代。即便排除人总是美化回忆的因素，大家的脑海中也都会浮想出自己与世界和谐共存、非常适宜人类生活的时代。公司内部一直追求无限的发展，结果带来了功利且便利的世界。人们最初对这一世界切实感受到不适，是因为它与个体内部的富裕程度有差异。虽然经济发展了，但个人的生活完全没有变得更富裕。可即便质疑经济发展是否会给人类带来幸福，人们也依然无法割舍自己的欲望，社会仍旧期待整体的发展，政府还是认为经济发展可以解决所有问题。

说得浅显些，第一届安倍政府的口号是，"经济若不增长，日本就没有未来"。全世界不断高呼经济发展是国家的最大目标，是解决所有问题的关键，它可以消除贫困、增强国力、提高便利性、赋予国民活力、压制犯罪、给人们创造幸福。对社会来说，经济发展与和平、人权等一样，甚至超过它们成为绝对正义。

然而，当亚当·斯密所处的时代过去1个世纪之后，在约翰·斯图尔特·穆勒描绘的理想社会中，没有经济发展和人口增长，但人类活动蓬勃发展，新的文化被创造出来。穆勒把其称为稳定状态（Stationary State），意味着没有发展需求的社会。人们此前把自己拥有的资源用于经济发展，但在那个社会中，人们得以把它们使用在艺术、学习和提高自己的生活质量上。

可惜的是，历史上从不曾实现过这种稳定状态，历史常常像念咒一样一直提倡经济发展，但思考穆勒产生该想法的理由并非毫无意义。这是否意味着穆勒描述的只是理想，而现实的前进方向偏离了这一理想？我不这么认为。在我看来，约翰·斯图尔特·穆勒作为一个文明人，从最开始就预感到了，持续到现在的经济发展魔咒是文明的一种弊病，只是一种不具备普遍性的意识形态。人们期待经济发展并且期待能够通过实现经济发展来摆脱贫困，这是一个常识。但是经济发展也会创造出新的差距社会，扩大社会的不平等，这同样是一个现实。面对这样的现实，约翰·斯图尔特·穆勒描绘出的理想包含某种让我们信服和放心的因素，因为另一个常识告诉我们，人类社会是有界限的，并不能维持无限的经济发展。

我在前文中描述过，公司先天就是一个有弊病的事物。虽然已经重复多次，但我还是要申明，我并没有故意夸大公司的坏处，并非主张它就是恶，必须将其扼杀在摇篮之中，应当助其改邪归正。

正相反，公司的弊病是与生俱来的，如果没有这一弊病，公司原本就不会问世，我只是在陈述公司的本质。

我也成立过为数不多的几家公司，结合参与几家公司管理的经验来看，我的上述想法仍未改变。如果一定会改变，那改变的将是人类对公司的看法。如果没有欲望，人类就无法成长，但人类生存不一定只是为了满足欲望。随着年龄的增加，人会在欲望和活动范围缩小的过程中迎来安静的晚年，过上日复一日的生活，这是生命的规律。经济发展也好，公司对无限发展的欲望也好，其中包含着一种自负心理，在某个方面违背了生命的规律。我暂且称它为"弊病"，它时而起到警铃的作用，有助于人类的生存（相当于效用），时而成为致人死亡的原因。

所有权与经营权分离的起源

如果打算从比较长的时间跨度上来研究公司与人类的本质关系，就有必要关注公司本身，思考公司究竟是何物，在公司工作意味着什么，有必要从存在论的观点围绕公司进行思考。

前文提到的《公司》一书，在论述股份公司的起源时，有一部分内容让我印象深刻：

> 远在安然因身陷丑闻破产之前，股份公司这一新生事物就充满了不公与欺骗。从17世纪后半叶到18世纪初，股票经纪人（Jobber）便以伦敦交易巷（被伦巴第街、康希尔路、伯青巷三条大道围起来的一角）一家臭名远扬的咖啡馆为据点游荡，为了卖出诈骗企业的股票，寻找冤大头一般的投资者。这种企业因投

机热短暂风光后迅速倒闭，消失得无影无踪。1690年至1695年，有93家这样的公司买卖股票，但到了1698年仅剩下20家。1696年英国贸易委员会的报告认为，股份公司"已经完全堕落"，原因是"通过故意散布生意兴隆的虚假风评吸引不了解事实的人，激起他们的参与热情以销售股票"。①

虽然我已经在第Ⅰ部里论述了这部分内容，但由于它对于思考公司的起源也很重要，所以在此重申。根据《公司》一书，英国议会因在交易巷进行的股票交易导致了骚乱而大怒，于1720年立法禁止股份公司自由设立。

那么在此之前的股份公司是什么样的呢？在股份公司诞生时期，普通公司形态有家庭经营或合伙制公司（Partnership），创业者们一起提供本金，他们拥有公司的所有权，同时一起管理公司。日本历史上的许多中小微企业，几乎都与这一时期的合伙制公司一样。股份公司与之前的合伙制公司，在公司的所有权与经营权分离这一点上存在显著差异。现在的股东至上理论，可以说就是直接继承了这一点。在当时的英国，人们确实担心所有权和经营权的分离会成为堕落与丑闻的温床。考虑到所有人的出资，他们对公司是具有责任的，但他们对公司做什么生意、怎么经营管理毫无兴趣。被雇用的经营者热衷于看股东的脸色行事，对公司理应保持的责任感变得淡薄。所有权与经营权的分离，正是股份公司现存问题的根本

---

① 乔尔·巴肯：《公司》，酒井泰介译，早川书房2004年版。这部分的原新闻素材来自Hadden, Tom., *Company Law and Capitalism*, London: Weidenfeld & Nicolson, 1972, p. 14.

所在。也因为公司的管理形式是股东持有,股东雇来的经营者负责经营,所以才开始讨论"公司到底属于谁"这个问题。(在第Ⅰ部里我曾表明,比起所有权与经营权的分离,是股东的有限责任制发展了股份公司,那是形成弊病的重要原因,但这里暂且先放在一边。)

不会错过发展机会(无论何时都可以募集资金),擅长让剩余资本高效流通的股份公司,具有一个人们想象不到的优点,就是能够联合零散的资本,形成更大规模的公司。这不仅对资本家有利,也可以为劳动者增加就业机会。即使在曾经禁止了自由成立股份公司的英国,这一形态在工业革命时期也东山再起,现在更是成了引领世界经济发展的核心所在。

如果把所有权与经营权分离的状态放在人类身上来看,就是一种分离性身份识别障碍的表现。现在我们占有自己的身体,同时也管理着自己的身体。如果自己的身体被其他人类占有,那么判断"我"是"我"的根本也就动摇了。

从最初开始,股份公司自我同一性的根基就不稳定。如果没有自我同一性,就无法对股份公司问责。而且股份公司的所有人成了股东,他们以有限责任的形式,从最初就被免除了出资范围以外的责任。

贪婪、性欲都是人类活着不可缺少的欲望,或许还可以加上对金钱的欲望、控制欲、占有欲等。只不过,身体本身会克制这些欲望,不让它们无限制地表露出来,因为无限制地表露对身体是有害的。欲望虽是生存的必要条件,但同时也可以成为妨碍生存的重要因素。

法人尤其是股份公司,从最开始就解除了自然人的身体里具备的那种防御机制,通过解除这种机制(即建立有限责任制),股份公司开始腾飞。股份公司里没有自发的机制去控制欲望的无限外露。正因如此,为了控制股份公司对企业外部的影响,有必要制定外部规则,制定第三方可以实行监督的监管制度。

话说回来,有一点颇有意思,亚当·斯密为了实现把握国民经济的整体形象这一远大目标,从研究分工入手迈出了第一步。如果不实行分工,人就无法创造足够的财富养活自己之外的人。如果没有发明所有权与经营权分离的机制,公司现在依然无法摆脱小规模的家庭内生产,无法超越通过募集资金,基于合伙制建立的小规模企业形态。

伦敦经济学院的约翰·凯伊教授在其著作《市场的真相》中说到,亚当·斯密最具洞察力的地方,不仅在于发现了"看不见的手",更在于他分析了分工的作用与局限。[1] 也就是说,他没有忽视推进分工的负面作用,即会导致对人们来说存在危险甚至会致命的现象越来越多的问题。

> 由于精神已经麻木,因此不仅不能感受理性的谈话,不能加入同伴之中,也不能拥有任何宽容高尚或者善良的感情。[2]

虽然不小心就会跳过亚当·斯密的这一看法,但它十分重要。从某种意义上来说,它确实是理所当然的,但分工的出现在把人类和其他动物区别开的同时,也让人与人之间的关系疏远了。他清楚

---

[1] 约翰·凯伊:《市场的真相》,佐和隆光监译,佐佐木勉译,中央经济社2007年版。
[2] M&R·弗里德曼:《自由选择》,西山千明译,日本经济新闻社1980年版。

地察觉到了分工的两面性,这是很重要的一点。

经营权和所有权的分离、股东的有限责任制,并非因为考虑到了企业的社会性、秩序与职业伦理,而是因为想要尽早尽可能多地获得利益。从全社会来看,意味着风险增大的可能性提高了。这种风险指的是,越来越多的股份公司的相关人员认为,只要利益增长,就不必理会违背规则、破坏环境和人权的问题。或许可以说,这不是风险,而是必然会发生的事。

所有人的得失与经营者的得失

公司的所有人股东和被雇用的经营者的得失,既有一致之处,也有相反之处。比如在创办一家公司时,即便经营者想付出时间用心建设,但身为所有人的股东却希望尽快得到收益。为了解决这一矛盾,股份公司引入了针对经营者的股票期权,如果经营者成功提高了公司的市价,就可以获得一部分公司所有权(金钱激励)(有贡献的业务员也会有这种待遇)。简单来说就是,赋予了经营者以下权利:可以依照现在的股价买5年后涨到10倍的股票,即他有权用5万日元换取将来的50万日元。经营者被经营信念和金钱激励之间的矛盾拉扯,但由于公司本来就不为自己所有,因此比起经营的信条和信念,经营者还是会选择金钱激励。当然,这里不包括身兼所有权的经营者,因为他们的所有权和经营权没有分离。通过引入这种制度,公司的所有人(股东)认为经营者与股东的得失保持了一致。

实际上,经营者与股东的得失并未达成一致,只是股东重新定义了经营者。因为股票期权制度并非为了把股东变成经营者,只是为了把经营者变成股东。

结果是股东和经营者的目的确实趋于一致，这样做可以使公司的现值最大化。但经营者的伦理就会因此受到很大程度的破坏，因为这样一来，经营者不再会用长远的目光管理公司，而是变得同股东一样，优先考虑短期利益。

这对于股份公司的健康发展来说，是很大的漏洞。目标是长期存续的经营者视角和希望获得短期利益的股东视角，二者的差异所导致的紧张感才是确保股份公司健康发展的关键所在。

毕竟这一体系是人类为了实现欲望而设计出来的，人类欲望具有一被点燃就会无限增大的趋向性。亚当·斯密从最初就明白这一点，但他同时发现了这种有缺陷的形态也可以成为发展经济的根本动力。人类的欲望对社会来说是把双刃剑。

至此，差不多该结束这一章了。

我在这一章想讨论的始终是当下迫切需要认清的问题，并非历史中的公司。如前所述，我从股份公司的起源讨论了这一假说的意义，即股份公司是带有病根的一个共同体。接下来我想讨论在股份公司工作的员工究竟意味着什么，他们应该做何表现。

现在的地球比起亚当·斯密生活的时代小了许多，公司在其中发挥的效用、散播的毒害产生了无可比拟的影响。但从亚当·斯密的时代到现在，工作的人们看起来丝毫未变。

公司的发展确实为全体社会积累财富做出了贡献，提高了社会的富裕程度，增强了人们生活的便利性。但与此同时，我认为公司内含的弊病其病症也十分严重，这是以前想象不到的。这种病症带来的问题有环境破坏、极端的工薪差距、非正规就业的常态化、不公平交易、充满欺骗的商业模式等。处于经济发展和社会扭曲这样具有双面性的背景中，我们还在继续追逐发展之梦，最终用人类的特性交换眼前的金钱，仿佛忘却了人类原本的样子和社会这一事物。

人类虽然可以对自己的所属公司行使影响力，但同时也会受到公司的影响。如果股份公司这一体系内存在弊病，那么它同时也会是人类的弊病。双方的弊病都被其效果，即享受生产活动带来的利益和提高生活便利性隐藏了起来。如果我们没能察觉到这一弊病，那么它既不会自愈，也不会消失，而是有可能入侵并控制我们的全身。我认为内部含有弊病，对公司和人类而言都是自然的事情，也是有必要的。但已被认清的弊病同没有察觉到的弊病，完全是两个不同的问题。

第8章
他们热爱公司的理由

公司的辉煌时代

我们每天习以为常地去公司上班。就像学生时代,一到早上7点,我们就把教科书全塞进书包里,一边啃着面包一边去上学。现在,我们在固定的时间搭公交,再换乘拥挤的电车去公司。9点上班,必须在这之前抵达公司,完成打卡。

我们一到公司就坐在办公桌前,确认一天的工作安排,然后一直工作到傍晚。公司里有领导、同事和后辈,大家或分工或合作,同时推进业务,劳动的时间最终会转换成商品进入市场。在市场里,商品和服务经过不确定数量的客户被交换成货币。然后公司剩余的一部分货币会被返还到我们手里。这样我们的劳动和不确定数量客户的金钱,就可以绕开商品和服务、公司场所、交易时间等因素进行交换。我们的劳动化身为商品,商品在市场上被买卖之后变成货币,公司就可以从中积累利润。但在大多数情况下,我们并没有意识到这种迂回的交换过程。

卡尔·马克思在《资本论》的第二篇中,把这种交换过程称为资本积累的过程。他试图借助著名的G-W-G'(G为货币,W为商品)公式,证明在货币与商品、商品与货币等价交换的内部存在劳动力剥削这一非等价交换。

在这里,我想先确认公司对于生活在现代的我们究竟有什么样的意义。不考虑抽象的股份公司,面对具体的公司,我们究竟是怀着什么样的感受和它们共处至今的呢?

毕业以来,几十年间,白天的大多数活动时间我们都是在公司度过的。除了个体户、自由职业者和第一产业从事者,许多人在公司度过了人生中最活跃的多数时光。从个人生涯的视角来看,这或许令人感到不可思议。究竟是什么促使人们坚持上班的?如果说劳动是艰辛的,那么人可以连续几十年一直自愿承受这份艰辛吗?如果公司是一种具有历史意义的制度,那么促使日本与全世界的城镇地区同时出现这一制度的力量源泉是什么?是因为有超越制度的因素吗?比如成为人们内心依靠的"共同体"?

植木等在1962年唱过一句歌词:"工薪阶层干着轻松的工作。"①他所属的搞笑乐队疯狂猫的歌曲唤醒了工薪阶层生活的心酸与自嘲,但我是从满是油污的小作坊成长起来的,在我看来,穿西装打领带就已经光芒四射了。白领总给人留下干净、耀眼的印象。工薪

---

① 青岛幸男作词,萩原哲晶作曲。由疯狂猫乐队演唱后大爆,还被改编成了电影。

阶层作为日本经济发展的排头兵，引领了国民经济的发展，支撑了奇迹般的高速经济增长，使日本的国民生产总值仅在1964年的东京奥运会结束4年以后，就在资本主义国家中位列世界第2。当时距离日本因战败而化为焦土仅仅过去了二十几年。

顺便一提，1962年，19岁的日本青年原田政彦，在对战外号为"暹罗贵公子"的拳击手马拉·西多拔（Pone Kingpetch）时，连续击打80拳，成为日本的第二位世界冠军。这名青年变成了"战士原田"，在全日本掀起狂潮，对我来说仿佛就在昨日。这件事也象征着战后复兴的明确结束，以及日本重新取得了和世界竞争的自信。

消失的国民时间

因为某篇报纸上的连载，我回想起曾在这一时代共享过"国民时间"。文章有些长，但希望读者可以联想到日本人在战后经济增长期的生活和当时笼罩日本的氛围。

年末联欢会结束后，我坐上了出租车。司机很友好，我不知怎的和他说起每年的季节感越来越不分明的话题。以往在12月，所有人都因工作忙碌得不可开交。因为是一年的末尾，大家总觉得时间非常紧迫。所有人都希望今年的事情在今年结束，再用崭新的心情去迎接新的一年。因此临近年关就有很多必须处理的事情，比如整理积攒的工作、制作贺年卡、大扫除、准备年货。在一年的最后一天，做完所有事情，全家人会聚到起居间的被炉里。最后往往都是母亲一边脱掉围裙，一边进到被炉里。全国各地的家庭都会坐在被炉里，一边吃着柑橘，一边观看NHK

的红白歌会。

这种光景大约持续了20年，从战后的昭和30年代（1955年起）电视机开始进入寻常家庭，到昭和50年代（1975年起）左右，世界上出现了24小时营业的便利店。这20年也是日本的经济高速增长期，日本实现了持续的经济发展。

在现在来看，那远远称不上富裕的时代，但却是一个稳定的幸福的时代。那种幸福的象征是阖家欢乐，是在起居间观看的红白歌会。美空云雀、三桥美智也、岛仓千代子、春日八郎等是那时的国民偶像，他们的歌所有人都能哼唱几句。如果我没记错，红白歌会的收视率曾超过70%，比起电视节目，它更像是一场全民盛宴。

在一年的最后一晚，除了少数例外，家家户户都会点着灯，放着一样的节目，谈论相同的话题。现在回想起来，那时的凝聚力是怎么来的呢？日本人失去的国民间共有的时间，既让人怀念，又让人感到宝贵。

金融护航体系、国家兜底、终身雇佣、年功序列等后来被批判的商业习惯，同这种国民凝聚力也并非没有关联。可想而知，支撑这些习惯的就是所有人同舟共济的共同体意识，同时还有对处于相同时期的人们的信任感。

时代变化了，但到底是什么随着时代变化了并不明确。不过可以说，人们结束了国民间共有的时间后，现代潮流的征兆便开始浮现，如自我负责、独立自主、个人自由意识扩大等。便利店的出现，使人们的生活形式从集体生活过渡到了个人生活。随着城镇化的发展，住房环境有所变化，起居间从家里消失了。孩子们有了独立的房间，到了现在这个时代，甚至每个人都可以拥有自己的电话和电视。日本人不再同舟共济，每个人各自扬帆起航。收入差距变得明显，成功者和失败者的区分一目了然，公司同事从命运与共的伙伴变成了竞争对手。

我并不是说以前的生活更好，也不是指责有人实施了某种策略把集体分裂成了个体，这是大家自己选择的结果。从整体来看，大家现在的生活水准是以前无法比拟的。只不过回首一路走过来的历程，当我脑海中浮现出既往的得失时，虽然时代变化了，但我却无法完全认同时代的进步。[1]

股份公司不仅促进了日本的经济高速增长，还使个人所得成倍提高。在日本走出战后荒芜的过程中，股份公司提供了就业机会，发展了各行产业，促进了城市化，于是许多日本人达到了中等生活水平。即使那是幻想，但它确实使日本人朝着共同的目标努力，一起走过了一段时间，仿佛成了同舟共济的伙伴。核心就是兴起的工薪阶层和公司。日本的战后劳动者持有过像"技术立国""生产共同体"一样的幻想，索尼、本田、松下公司就位于这些幻想的中心。公司不仅给日本人的经济，还给日本人的伦理观、思考方式、生活方式带来了巨大的影响。

再次强调，从这一时期到现在，有相当多的城市居民作为工薪阶层在公司工作，获得工资，养家糊口。换句话说就是，我们生存的同时是归属于公司的，而归属于公司也意味着大家同时都幻想着自己归属于社会。

那些不在公司工作的人，如个体工商户、学生、家庭主妇，他

---

[1] 富士产经商业新闻I：《平川克美的商业流派》。

们的生活都不得不适应工薪阶层的工作时间。因为靠公司生活的人既是生产者，也是城市里的消费者，所以自营商店和便利店如果无视他们的生活节奏，就无法存活。工薪阶层及其家人是经济发展的另一个根本动力，是他们扩大了消费市场。

公司是城市生活的经济支柱，同时也是许多城市居民白天的生活场所。不管风吹雨打，只要到了公司坐在办公桌前，一天就开始了。如果一直按照这个节奏来生活，自己的社会地位就不会动摇。

因为太过习惯于这种生活方式，我们可能会陷入一种错觉，认为公司会像山川、自然和公园景观一样永远存在。但从人类历史来看，股份公司这种形态并不古老，对人来说，在公司工作也不是那么自然普通的事情。回顾历史我们就会发现，不存在公司的社会拥有更长的历史。拉开时间跨度，公司也会展现出不同的样子。

如果公司消失

如果公司消失了，我们会过上什么样的生活呢？

观看著名导演沟口健二的《雨月物语》，便可再次领会到中世和近世时期的日本人的生活究竟与现代有多大差距。《雨月物语》原著是上田秋成在1776年完成的全5卷小说。顺便一提，这一年亚当·斯密也出版了《国富论》。1953年，《雨月物语》被拍成了电影。故事的背景是天正十一年（1583年），日本正处于乱世之中。因为沟口对时代的考证很严格，所以电影里面描绘的人物和生活，还原度是非常高的。这一时代人们的生活相当穷困，普通人住在用草木搭建的房子里，用水取于河中。别说公司了，就连近代文明的萌芽都很难发现。但这一时代正是欧洲大航海时代的鼎盛期，在各国的霸权斗争中，诞生出了股份公司这一历史上前所未见的公司形态。

翻阅历史书可以得知，在中世和近世，日本正逐渐从赠予、互惠经济向货币经济过渡。如果人们没有认可货币，货币没有流通起来，公司也就不复存在。日本出现得最早的公司组织是坂本龙马建立的龟山社中，建于1865年。故事的舞台大约在这家公司建立的300年前，在那个时代，世界上还完全看不到公司的影子，但也不是说大家几乎不进行交易。网野善彦是非常卓越的中世史解读专家，他表示，在中世后期的室町时期，工商业者和金融业者的活动已经随着货币的流通和活跃得到明显发展。[1] 支撑这些经济活动的当然不可能是公司，主要是个人或者在边境游荡的职能团体。

如果没有公司，我们就必须像《雨月物语》中的源十郎那样，转陶轮烧陶器，再拿到街上卖。在处于城下区域、城镇和农村交界处的市场，商品琳琅满目，有周边各国的物产、手工艺品、饰品等。即使在稍后的时代，百姓的生活也没有改善，很难有固定收入。

即使过去很久，到了近世，为了生活也必须像落语（一种日本的传统曲艺形式）《芝滨》里的鱼胜一样去河岸鱼市采买，挑着鱼到处寻找顾客。

我现在依然十分惊讶，日本往前追溯好几代，还过着这种与土地联系紧密、互惠式的，生产者和消费者直接交换物品的生活。同时我也讶异于，当我们看到和现代生活方式截然不同的中世和近世的故事，仍然会被打动。我感到了双重惊讶：一是人类的生活竟然在短时间内发生了如此巨大的变化，二是人类的精神竟然完全没变。

每天靠着不确定的好运生活，从某种意义上讲或许可以称作自

---

[1] 网野善彦：《日本中世记》，洋泉社MC新书2006年版。

由。以现在的目光看，虽然那确实并非自由的生活，但不能凭借现在的生活就断定那是不幸的。无论是当时还是现在，人们都在一样的尘世尝遍喜怒哀乐与爱恨情仇。人们幸福与否不能用便利与否这把尺子衡量，更应该通过跟同一时代其他人的生活差距来衡量。在相同时间、可比较的生活中产生的差异，其造成的价值观就是人们的幸与不幸。

即使在现在这个时代，如果选择晴耕雨读的生活，或许也能够实现和公司没有直接关联的人生。虽然会有贫穷和不便的问题，但从某种程度上讲或许可以说是自由的。可在如今的日本，绝大多数城市（现在山地之间和海边的街区等都已经城市化，或许并不一定要称为城市）居民，已经预先被剥夺了自己采购商品、亲自种植食材的自由。取而代之的是，只要在公司上班，每个月就能得到一定的工资，可以用这笔钱随时在附近的商店和便利店等处购买必需品。

在近代化的进程中，城市居民慢慢从生产者转变成消费者。尤其是在20世纪80年代引进双休制后，他们的核心问题从在何处、以何种方式谋生，转变为在何处、以何种方式消耗时间。

旋涡中的时代转型

公司林立，人口集中，城市持续膨胀。对城市居民来说，公司已不仅是获取生活保障的地方。可以说，现代的整体生活方式就是通过公司确立的，现代人价值观的形成也与公司有密不可分的关系。

然而，我们却很健忘。连父亲那个时代仿佛都已成为历史。而且我们误以为，历史上有过和现在相同的社会。

仅在70多年前，那时的社会结构就与现在大不相同。工薪阶层手握特权，他们每天来往的企业也不像现在这样居于社会核心地位。例如1950年，各产业从业人员统计结果显示，约45%为第一产业（农林水产）从业人员，加上第二产业从业人员（工厂工人），超过70%。在公司工作的白领不足两成，即便再加上销售、服务业的工作者也不足三成。现在的局面则完全逆转了。

20世纪五六十年代，在日本近代化的过程中，人们向往在城市生活、成为白领。那时，白领就是社会的精英。日本的这副样貌宛如昨日。

1963年，山田洋次制作的电影《下町的太阳》，详细描写了"宛如昨日"的日本人脑海中的想法。女主人公倍赏千惠子在平民区向岛的肥皂厂工作，她的恋人早川保是同一家公司的工人，他梦想着早日转正成为白领，去总公司上班。早川保为了实现这个愿望，忽视了人情味，更重视个人利益。他按照"经济合理性"的原则做事，背叛了与自己竞争的同事。随后，他走上了出人头地的大道。他向女主人公求婚，但女主人公倍赏千惠子最终没有选择舒适优越的生活，而是选择留在贫穷、不便但充满人情味的平民区。

虽然这部电影太过公式化，但从中我们可以清楚得知，当时许多日本人，一方面向经济合理主义式的生活方式投去了羡慕的目光，另一方面则对互助互惠的共同体生活依依不舍。电影的女主人公拒绝了选择经济合理主义的恋人的求婚，选择了平民区的共同体生活。（她是《寅次郎的故事》里樱花一角的原型。）

幸福是一个模糊的概念，它会随着时代的变化而变化。同时期的城市里也存在这两种生活方式的矛盾，一种是被土地和旧习束缚，尚存一息的共同体生活；另一种是新生中产阶级追求个人主义与目的理性的生活。用公司来说明，前者是街道厂象征的承包企业文化，孕育后者的是丸之内和大手町周遭的大企业文化。用城镇来表示的话，前者是偏僻的郊区或平民区，后者是小田急线、东急线沿线分布的大城市的新兴城郊住宅区。

总之，任何时代都存在这种新旧事物的矛盾和争执。了解这种争执的真正意义需要漫长的时间，直到能站在另一个时代的角度观察。为了实现这种对照关系，则需要开启一个新时代。

写本书的理由之一，便是我预感到当下正处于时代的重要转折点。银行倒闭，到处在呼吁结构性改革，新型市场的价值观——全球化、市场主义——与以前稳定下来的具有互惠、传统、地域特点的价值观复杂地交织在一起。没有人能判断哪种价值观是正确的，即使有所判断也无济于事。但如若不能认识一个时代的变化，就无法了解生存在这个时代的意义。

无论如何，城市化为我们带来了一种影响，在个人生活里最重要的是获得有前景的环境。因为有终身雇佣、年功序列等体制，只要进入公司就能确保生活稳定。但还应该注意的是，归属于公司成为白领，对日本人来说是一种身份地位，也是一种向往。在日本人的潜意识里，潜藏着对这种新阶级的期待和憧憬，工薪阶层走在时代发展的前列。

从20世纪50年代到70年代，日本实现了经济高速增长，国民生活发生了翻天覆地的变化，股份公司功不可没。昭和20年代（1945年起）初期的婴儿潮（即"团块世代"）支撑了经济的高速增长，这一代的许多精英在大学毕业后便踏进了大型股份公司的大门。

商品化的公司

20世纪90年代经济持续低迷，被称为"失去的10年"。经过这段时间后，全球化浪潮涌向了日本，其中带来的经济思想彻底颠覆了之前的公司治理观。那是革新的思想，同时也宛如与亚当·斯密的时代逆向而行的、复古的市场礼赞思想。全球化思想的核心是一种市场原理主义的意识形态，即新自由主义。

但在亚当·斯密所处的时代与现代，市场的意义有很大不同。亚当·斯密的市场是指交换商品和货币的市场，意味着摆脱重商主义君主的统治；但在金融经济远超实体经济的经济体系中，比起商品市场，市场更意味着用金钱买卖金钱的金融市场，国家的统治体系与市场原理主义携手推进全球化。国家放弃了原本的责任，即财富再分配与消除贫富差距，一味地把国家事业全交由私企，借此回避国家本身的责任。但正如我在第Ⅰ部里所做的详细说明，私企实际上是不承担责任的体系，也就是具有所谓的有限责任制。

那么市场原理中的需求侧由谁担当呢？以前经济体系的主人公是商品生产者，随着资本主义在工业发达国家的发展，生产者从经济的台前转至幕后，消费者登上了经济舞台。消费者最初为了购买生活必需品而涌进市场，但需求全部得到满足后，消费者的欲望逐渐转至奢侈品、无形的服务、身份地位与知识等对象。同时消费者手里的剩余资金流入了金融市场，可以不经商品市场直接买卖股票和债券等另一种货币。

股票市场以前的使用者是机构投资者，网络的普及使个人参与到了股票市场中，并因为股票而陷入七上八下的情绪。股市里的买卖对象是股份公司的股票，虽然股票交易对个人来说是资金交易，但从公司的角度来看也意味着买卖所有权。股份公司既是生产商品的场所，同时它本身也变成了商品。在这种市场变化的背景下，人们关注到了"公司属于谁"这一公司治理问题，相关的讨论日趋热烈。后来，股东的存在在很大程度上被放大。"公司是股东的所有物"这一观点仿佛也是一种革新的经济思想，受到广泛的传播。

70多年间，我生活于这样的日本，无法想象个人可以买卖股票进行投机。究竟是否应当把他们称为股东呢？我父亲因为是股份公司的工厂经营者，所以当然是公司的股东，母亲应该也是股东之一。虽然是名义上的，但我可以断言，他们没有自己是股东的意识。对战后昭和初期（1925年之后）创业、身兼所有权的经营者来说也是一样的，他们只是筹集了创办公司所需的资金而已，不过是名义上的股东。多数情况下，经营者不会期待其他人出资，而是会拿出自己为数不多的存款填补工厂的设备资金。

我母亲常说："一定不能炒股。"母亲出生于与东京相邻的一个县（译者注：日本的县相当于中国的省），娘家经营着蓝染工厂，在当地颇有声望，但不久就因事业失败走向了没落。可能当时的同族亲戚里，有人因为股票倾家荡产了吧。他们那种生活于地方城市里的商人和工厂经营者认为，买卖股票是正经人不该沾染的投机行为，是一种赌博，唯恐避之不及。因为他们认为，在谈论市场如何、经济如何之前，无论从伦理上还是从情感上，都不应该认同通过股票挣钱这件事。那种氛围自20世纪90年代后半期起发生了急剧的变化，欧美企业对此起到很大作用。

在欧美尤其是美国，为了打破20世纪七八十年代经济发展停滞的局面，市场原理主义重新进入人们的视线。为了恢复经济增长动力，市场原理主义提倡自由竞争、小政府、解除关税壁垒、削减福利政策等方法。这对战后一直推进福利国家经济的欧洲和美国来说，是非常大的转变。

市场原理主义政策也被称为撒切尔主义、里根经济学，在经济复苏的过程中呈现出一定成果。在这个过程中，股份公司开始面临激烈的竞争，弱小的公司或破产或被其他公司吞并。这时期，公司合并、吞并的活跃程度前所未有，人们开发出各种各样的金融工具。公司逐渐变成名副其实的商品。

从长远来看，市场原理主义也是在以经济政策跟进实体经济的形式，一边试错一边摸索。但这一思想是拯救20世纪90年代日本经济下沉形势的唯一经济思想，摇着全球化标准的大旗迅速流入了日本。新自由主义思想不仅给了日本股份公司一击，还破坏了日本公司残留的色彩浓厚的家族共同体规范和其中的伦理。各位读者可以在下一节里看到，在拥有不同公司诞生起源的日本，新自由主义就如同突然出现的黑船。

工匠精神与忠诚

在20世纪90年代以前的日本，股东的存在并不明显，由亲属、财阀控制公司的家族经营占据主流。这意味着公司的所有权与经营权还未分离，因此公司就具备容易形成共同体规范的根基。调查旧财阀系公司运营的实际内容后可以发现，它们具备的许多特征都是家族制度的扩大版，这与欧美公司大不相同。在阿姆斯特丹和伦敦等地的股票交易中心，欧美公司这种收益机制从诞生至发展一直采用投资—回报模式。不难想象，这种诞生和发展的历史差异也造成了相关人员之间的巨大观念差异。

观察家族制度的特征，即户主领导权、家属抚养义务、长子继承、分家体制等，可以清楚地发现，起步之初的日本公司模仿家族制度运营起来的过程，这点颇有意思。《日本宪法》制定后，家族制度被废除，随着日本近代化的发展，这种制度在形式上和实质上都逐渐瓦解。同时，财阀这种企业形态也因为占领军的要求而走向解体。

即使制度消失了，这种精神也一直存续在公司里，形式从忠于家族转变为忠于公司，那正是吉本隆明所说的日本封建制的"显性遗传基因"。

这种封建制的显性遗传基因是日本独有的精神吗？德国、瑞典或韩国与日本有相同类型的家族体系，他们的公司观念与日本极其相似。我认为可以由此推测，家族体系这一血缘共同体的规范，正是公司这一幻想共同体规范的原型。

称呼总经理为"头儿"的员工、公司的前后辈与同事形同命运与共的伙伴，这样的氛围在恍如昨日的日本公司里极为普遍。公司更像对待家人一样对待员工，采用了年功序列、终身雇佣等机制。以这样的企业环境为背景，主银行制度、分包制度等发挥作用，公司活动整体稳定。至少到20世纪80年代前半期，这种体制都是国际竞争力的主要来源。

就我自身的经验来看，我家的街道厂位于大田区的外沿，有几名工人。我家方圆100米内，有四五家同样的工厂，如冲压厂、弹簧厂、轴承厂等。一到早上8点，各家公司便会打开电源，机器运转的声音便会响起。1950年爆发的朝鲜战争带来了战争特需，得益于此，这些工厂持续满负荷运转。因此，这些工厂逐渐扩大规模，小微个体户的生活也逐渐走上正轨。我出生于这一年，在我记事的时候，工厂的经营也很稳定，工人人数增加到了几十名，这种"侥幸"同时降临到附近的小微企业身上。上小学时，我经常出入这些工厂，在那里使用磨床削玩具陀螺，用切割机切断铁板做玩具。

向这些工厂订货的是附近的中小企业，在这些中小企业之上，三菱重工、佳能等大型股份公司掌握着绝对的控制权。大企业、中小企业、小微企业构成的等级金字塔，被命运共同体的纽带联系起来形成了一个整体，十分稳固。如果像现在这样，按照效率筛选企业，那么一些小微企业就会转瞬即逝。效率确实是一个重要的因素，但当时的人们认为，维持分包体系的活力，让其发挥作用更为重要。分包体系就像一个能伸缩的缓冲器，在繁忙时期火力全开，生意不景气时缩小生产规模。当时的大企业是否像现在这样有明确的调节就业意识，这一点并不清楚。但小微企业作为提供高精度、价格低廉的零部件的部门，是生产体制中不可缺少的一环。当然，工资则按照大企业、中小企业、小微企业的顺序从高至低。虽然如此，但我们小微工厂的工人们几乎没有拿自己的工资和大企业比，也没有表达过羡慕之情。大型股份公司里的员工和形式上的股份公司（所有人兼任经营者的中小微企业）里的员工几乎生活在两个世界，这种说法可能有些奇怪，但其中存在着"稳定的差距"。

对他们来说，自己与对方互不干扰。这边的世界（小微企业）和那边的世界（大型企业）属于同一个体系，具有不同的世界观。任何地方都找不到连接这两种世界观的媒介，街道厂的员工们在工厂方圆1千米的世界里过日子、看电影、玩弹珠。那阵子，我家附近的工厂里不知为何到处都有乒乓球桌，员工们有空时经常打乒乓球，发出阵阵欢呼声。虽然生活很贫困，但在这种循规蹈矩的稳定的贫困中，许多人确实过着安心的日子。

当然，按照现在的观念来说，这是陈规陋俗，是差距的固化。但如果批评当时的小微企业的经营者和工人们像奴隶一样没有斗争精神，没能摆脱附属意识，就完全偏离了靶心。他们或许不像现在这样有实现自我价值的梦想，或许没有意识到差异社会，但他们的世界里有更稳定的伦理观和更宽松的生活。

我家与工厂是合为一体的，我出生于这样的地方，在与住进工厂工作、出生于此地的年轻工人们同吃同住的生活中，我切实感受到他们拥有一种工匠精神，拥有很强的自尊，同时我也从他们身上学到了很多东西。

他们的生活充满了存在于落语和说书世界里的工匠们具有的特点，如自尊心、惩恶扬善、互助互惠、执着与忍耐的精神。当时大型公司也会挑选优秀的工匠，也有员工跳槽去了工资更高的职场。

在十二月，因为被拖欠工程款而到亲戚、邻居家里借钱，唉声叹气的老板并不少见（这种事情在任何时代任何地方都可以看到）。但许多情况下（至少在我听闻的范围里），大多数工人是跟着老板学习技术，然后尽自己所能去报恩。老板则像亲人一样为他们考虑，确认年轻人可以独当一面后，鼓励他们自立，帮助他们做出改变。（不切实际的自立梦想是很少实现的，这也是事实。）

股份公司的历史与家族制度类似虽然是日本的特殊情况，但这种基尔特式的工匠精神并非日本独有。工匠的排他性互助团体基尔特起源于中世纪的欧洲城市，工匠历史上在中国、美国都曾被作为工业发展的根本动力。但是，马克斯·韦伯的高见——最禁欲的新教劳动伦理孕育出了资本主义精神，是不符合日本的情况的，因为日本小微企业中的技术人员的支柱并不是信仰。（各位读者可以参照第Ⅰ部第5章"韦伯的资本主义论和劳动伦理"的分析。）

一言以蔽之，支撑日本小微企业技术人员的伦理就是"不因工作有愧于人"。

那么是有愧于何人呢？是指有愧于过去和未来的工匠，后者总有一天会评估自己的工作成果。不因工作而对祖先和后人感到惭愧，这一点十分重要。这或许与中世纪欧洲的基尔特精神有些相似，但这种极致的工匠精神是封建制度的残留，注定会随着近代化而消失得无影无踪。

在从依赖人力技术的时代转变到以机械化为核心的大规模生产的时代，具有学徒制、排他性集体意识特征的工匠制度注定会消失，因为生产的效率化要求不依赖工匠个人能力的"技术标准化"。但如果这一制度消失了，工匠精神就无法单独幸存于工业资本主义逐渐发展和消费资本主义高度发达的时代。

工匠精神在失去制度的支撑后不得不改变形态。工匠对职业的忠诚、自尊、伦理观，在没了安身之地后剩下的就是对职业的忠诚（几乎等同于对公司的忠诚），是严格的上下级关系，是墨守成规的行为。这些作为工匠精神蜕去的外壳，或许现在依然存续于日本的企业社会中。大概正因为如此，才导致了日本公司在近代化中较为落后的结果。

存续的家族氛围

生活在团块世代之前的人们工作勤勤恳恳，他们日复一日地加班。在经济高速增长期，没有周日、没有节假日是很常见的情况。他们为了养家而工作，牺牲了陪伴家人的时间，他们被称为"企业战士"。公司是一个纵向的组织，可以说有点儿像军队，军队或许是人们能想象到的集体行动效率最高的典范。公司里会使用战略、战术等军队用语，那里常常伴有竞争，市场也是一个充满激烈竞争的环境。不难想象，如果没有他们在这种竞争环境里战斗，就没有日本现在的繁荣。他们也不是高高兴兴地就成了企业的战士，为了将来的稳定，确保固定的收入，他们别无选择。抑或是公司里有比其他选择更吸引人的要素。

因为没有量化的数据，所以很难准确回答这一问题。但在经济高速增长期结束，社会进入稳定发展的时代后，全体日本人过上了从容的生活。人们不用连周日也得工作，恩格尔系数也明显下降。随着日本人总体可支配收入的增加，人们的生活重心不再是为了养家糊口而工作，而是变成了如何使用剩余收入。采用双休制后，许多日本人的生活和行动意识从劳动者变成了消费者。以前，家人是人们活下去的支撑和保障。但在当下，如果金钱充足，即使不依赖家人也可以活得下去。例如人们认为，比起和上了年纪的父母住在一起，把他们托付给养老机构，双方的生活能够更舒适、安全与合理。这种想法既不是冷漠，也不是突如其来。

借助图表，战后家族体系的变化就会一目了然。在1980年，一家三代五六人住在同一屋檐下的情况占一半以上（51%），但到了2015年，老人和孩子夫妇住在一起的仅占12.2%。战后，日本家庭中的核心家庭数量持续增长，并未出现反复。

日本的家庭确实从权威主义大家族解体为核心家庭，但在公司里，直到全球化时代来临前的几十年间，还残留着集体主义和权威主义，仿佛是对家族解体的补偿。

公司里有属于自己的空间，有理解自己的同伴，有需要倾注热情的工作。在某种意义上，公司填补了失去的家人的位置，维持了权威主义的氛围。

战后家庭形态的演变

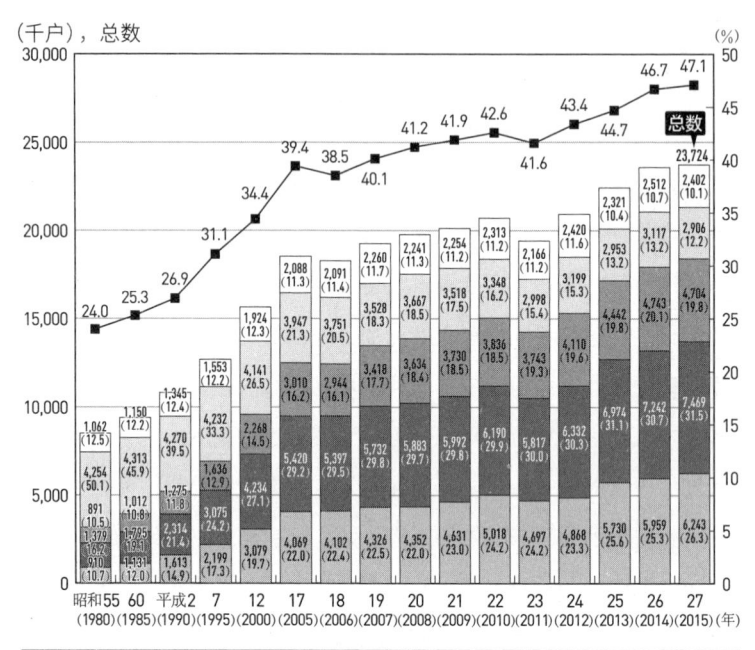

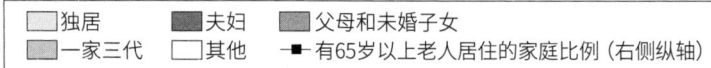

（注1）平成7年（1995年）的数据不包含兵库县，平成23年（2011年）的数据不包括岩手县、宫城县及福岛县，平成24年（2012年）的数据不包括福岛县。

（注2）括号内的数字为有65岁以上老人居住的家庭所占的百分比。

（注3）由于有四舍五入后的数据，所以合计不一定完全一致。

（资料）昭和60年（1985年）以前的数据选自厚生省"厚生行政基础调查"结果，自昭和61年（1986年）起的数据选自厚生劳动省"国民生活基础调查"结果。

出处：内阁府《平成29年（2017年）版老龄社会白皮书》。

https://www8.cao.go.jp/kourei/whitepater/w-2017/html/zenbun/s1_2_1.html.

工匠精神虽然已经在公司中消失了，但工薪阶层仍带着一种骄傲，即自己对日本的经济发展做出了某种贡献。至少在公司里，每个人都能切实感受到自己是被需要的。

从这种意义上说，终身雇佣时代的公司对员工来说已经成为另一个"家"，这个"家"的存续对他们来说或许比个人生活更重要。公司虽然要求他们消除私念一心为公，但同时也会像家人一样照顾员工。在那个时代，日本战后的重建、员工自己的发展以及公司的发展是同向而行的，在公司工作应该说是时代带来的一个机缘，而不是被逼无奈的选择。

那个所有人都相信人与公司会通过发展变得更好的时代，至少持续到了20世纪80年代中期。其间，念高中和大学可以找到更好的工作，公司也制定了符合员工要求的制度。员工辛勤地工作，同时也更信任公司了。

信仰是需要利益的。如果保持对公司的信任且勤恳工作，那么经营者和员工双方会达成一种默契，即公司一定要回报员工。努力就会有回报，因为付出了汗水，所以才得到回报、居于高位。正因为拥有这个没有根据却力量强大的信仰，公司才能够成为上述这样的劳动共同体，将公司相关人员的生活联系在一起。这一点在分析日本公司时非常重要。

公司既是人们获取日常生活保障的手段，同时也是树立个人价值观的场所，还可以帮助员工确认自己所处的社会地位。即使到了年龄退休之后，员工在自我介绍时还会说"我是原XX商业公司的山田"。虽然像在开玩笑，但这并不是玩笑话，是团块世代中的习惯，是现实。对他们而言，公司并不是投资者为了使资本增殖而建立的投机组织，而是他们信仰的对象，会一直存在，他们甚至不惜为公司献上自己的人生。那时的人们认为，公司不会在实现成立目的之后就清算关闭，在公司工作是像工匠和农民一样的职业，会永远存在。

互惠的人际关系、对命运共同体"家"的忠诚与信仰、持续的经济增长，这三者形成的三位一体的格局支撑着公司的体系，同时形成了渗透进日本社会的价值观。这种局面至少持续到了20世纪80年代中期。

互惠共同体的崩溃

前文所提到的《下町的太阳》中女主人公的恋人，他之所以将自己追求出人头地的欲望合理化，是因为他认为在今后的时代，生活不再会被世间纷扰束缚，需要凭借智慧和实力与对手竞争，抓住自己的幸福。对他来说，自己过去成长生活过的环境是充满纷扰的世界，在其中难以生存，而未来是充满希望的透明世界。他想象中的未来世界里，不靠出身、血缘和关系，只要有实力或者够聪明，就能得到相匹配的地位和收入。

但在那个时代的股份公司的内部，不论好坏，都还残存着互惠的共同体要素。综合考量当时的公司，虽然存在公司老板强迫下属完成过多工作的情况，但那更多的是出于想要提高组织的使命感和职业伦理观，而非股东施加的压力。由银行和相关公司构成的股东也对员工的职业意识有所期待。从这个意义上来说，虽然是股份公司，但还不存在采取投资—回报模式，主张拥有公司所有权的股东。在现实中，公司里的伙伴共同持股，对稳定公司和围绕公司运行的全社会是有贡献的。后来日本的这种公司体系受到批判，因为它虽然稳定，但具有效率低下和封闭的缺点。这种公司体系从《下町的太阳》所描述的时代起持续了30年，正好跨越了一个时代的开始和终结。

经过漫长的时间被创造出来的共同体意识，大概又要经过漫长的时间走向崩溃。但在共同体意识崩溃之前，我们先目击了日式管理体系的迅速破灭。关于为什么破灭、被什么毁灭，可以有多种解释。如果鸟瞰整体情况，则可以做出下列说明。

进入20世纪90年代后，亚洲发生货币危机，日本也处于泡沫经济崩溃，经济开始负增长，出现通缩倾向的经济形势中，日本经济遭遇了战后最大的危机。老牌证券公司山一证券破产（1997年），此前人们从未想过会破产的大型银行接连倒闭。处于这样不稳定的金融环境中，当时的桥本内阁决定对日本传统的管理体系整体进行"改革"。他们的口号是"自由（基于市场原理的自由市场）、公平（透明公正的市场）、全球化（开放的国际市场）"，这场改革被称为日本版的金融大爆炸。但遵循自由、公平、全球化的行动原则，并不意味着一定会收获成功。

我认为即使极度地遵循这些原则，也不一定胜券在握。这样的行为传递出一种观念，即只有完全按照自由、公平、全球化的方式思考的人才能够把握机遇。

这种观念颠覆了过去的那种信仰，即"努力就会有回报，因为付出了汗水，所以才得到回报，甚至居于高位"。

公司信仰的黄昏

亚洲货币危机出现的原因之一是，存在操纵大量资金的庞大对冲基金。关于亚洲货币危机产生的原因，日本泡沫经济的出现过程与崩溃原因，以及大型金融组织倒闭的原因，我希望交由专家来分析。

实际上，找出单一的原因并没什么意义，一定是各种要素复杂交织、相互影响，从而引起了连锁混乱。但是，在资本主义经济经过工业资本主义、消费资本主义，朝着高度发展的金融资本主义阶段转变的进程中，我认为日式管理体系在逐渐临近初期的"最佳食用期限"。自由、公平、全球化，都不是日本公司内部出现的改革需求。推动这样的改革，完全是投资方的要求。处于世界性的经济混乱中，迅速兴起的股东决定派，要求建立彻底追求经济合理性的公司，这种公司不同于以往稳定但没有竞争力的公司形态。

其间发生的事情从表面上看，是老公司体系落败于新公司体系，但实际上在新公司内部出现了一系列问题：水火不容的价值观之间发生冲突，企业治理体系摇摆不定，经营者拿不出可稳定推进的战略方针，等等。在我看来，当时弥漫着一种轻率的风气，即便偏离自己公司的专业领域，只要能赚钱，公司愿意做任何事。过去信奉劳动共同体的人群被分裂了，即团块世代与后团块世代的分裂。简单来说，劳动共同体的支柱——团块世代——认为，真是搞不明白现在的年轻人。后来，这种价值观的分裂陷入了削弱公司发展潜力，把公司逼向破产的恶性循环。

我们再回到《下町的太阳》所描述的时代，当时日本经济持续增长，公司中稳固的治理体系发挥了作用，准确来说是大家相信这一体系发挥了作用。为了保证治理体系的稳定，必须坚信这一体系会永远存在，这种信仰也确实发挥了效用。长岛茂雄是支撑这一时代发展的团块世代中的英雄，他在退役演讲里说"巨人军团永不灭亡"，博得了观众的喝彩。但我想，为长岛喝彩的人们心中应当有很强的"公司永不灭亡"的情绪。我并不清楚许多团块世代是不是因为在长岛茂雄身上看到了自己的影子,所以呼喊着"公司永不灭亡"。但希望自己所属的共同体永不灭亡这一心理,明显体现出了这个共同体已经开始变质。事实上,后来巨人军团的不败神话轰然倒塌,人们本以为绝对不会破产的大型银行和证券公司接连倒闭。以此为分界线,信仰公司的时代宣告终结。

第9章 欲望虚构出的幻想

不合理的公司命令

公司偶尔会命令会计人员做两本账,命令销售人员去顾客所在部门行贿,严重的时候甚至会命令员工去对手企业卧底以窃取机密信息。这些都是犯罪行为,是违反法律规定的。但这是公司的命令,如果违反,就无法出人头地。不,甚至明天的自己可能就会没有立足之地。不明白公司为什么会给自己下达这种不合理的命令,即便如此,员工也没有办法拒绝,因为公司的命令是绝对的。事实上命令一定是公司里的某个人下达的,但接到命令的员工会把这视为公司的命令。

岩井克人在《未来的公司》一书中写道,股份公司的基本构造是一种"双重持有关系":股东持有作为法人的公司,作为法人的公司持有公司的资产，公司对"物"来说起到了"人"的作用，对"人"来说起到了"物"的作用。[1] 这是非常了不起的看法。但是关于为什么员工会听从公司不合理的命令，仅用法人这种拟制人格与股东、员工之间错综复杂的所有关系是很难说明的，因为这不是岩井所分析的公司体制问题。要想说明人类即便违反本意也要听从公司命令的原因，就必须分析人的心理活动。害怕因为不听从命令而被剥夺出人头地的机会，这是理由之一。但说到害怕，如果考虑到了听从这种命令的违法风险，那么遵守应当比违背更让人害怕。但在大多数情况下，人们无法冷静地比较这两种风险。

事实上尽管有多项选择，人们也知道这是违法行为，但还是会认为自己像被蛇盯上的青蛙一样无路可逃，从而选择听天由命。

究竟该怎么看待这个问题呢？为了打开这把锁，在这一章我们必须明确公司里的"氛围"与生活在这种"氛围"中的人之间的关系。

公司成为公司的理由

个人会出于某些理由"背叛"公司，如不喜欢上司，跟同事合不来，工作上没有值得骄傲的成果，工资比想象中少，没法过自己的生活，所以辞掉工作。但这并不代表个人"背叛"了公司，而只是换成其他公司的理由。在这种情况下，个人对公司本身的信任并没有动摇。不管工资有多丰厚，如果人们认为对自己来说得不偿失，人们就可以辞职另找下家。需要注意，认为得不偿失的理由不一定都是合理的。

---

[1] 岩井克人：《未来的公司》，平凡社2003年版。

但公司会用坚决的、合理的理由"背叛"个人。所谓合理的理由，是只在公司内部通用的合理性，即使人力成本和生产达到了最优的平衡以实现收益最大化的目的。如果没有达到最优，多余的员工就会立刻被舍弃。在这种情况下，公司并未考虑社会公平和个人伦理的因素。

公司的本质究竟是什么？

在此之前，许多公司人员曾在各种情况下提出过这个问题。在回答这个问题之前，我们先基于岩井克人的分析，稍稍深入地考察一下公司的特质。我想询问的并不是在公司工作的意义，而是公司本身的意义，人类为何发明出现在自以为了如指掌的公司，以及公司实现了何种效果。

人类的生活方式和性格是千人千面，因此公司的经营方式和环境也各不相同。即便有一千家不同的公司，公司的根本特质也不会改变。公司的特质并不多样化，从根本上来说只有一条。但想想什么是根本的特质，竟然意外地难以回答。仔细一思考就会觉得，公司真是个不可思议的事物。

岩井克人把"双重持有关系"，即股东持有作为法人的公司，作为法人的公司持有公司的资产，解释成法人对"物"来说起到了"人"的作用，对于"人"来说起到了"物"的作用。

但是岩井的思想（我想可以这么说），并非只提及了公司的双重性。岩井思想的卓越性在于，通过逻辑清晰地追溯货币、法律及国家的发展过程，触及了公司这一事物的秘密。他发现了货币、法律及国家之所以能成为它们，不是因为它们内含的价值，而是因为大家都认可它们的存在，它们的流通保证了它们能够存在。关于货币论，虽然从某种意义上说，许多研究者指出了流通才是货币的根本，但岩并采用了独特的方法，把这种观点延伸到了法律和国家的概念中，阐释了幻想的制度。

岩井表示，货币、法律及国家成立的基础可以用循环论证来证明，即货币作为货币在流通，法律作为法律在发挥作用，国家保持着国家的权力，除此以外，没有其他存在的根据。只在循环论证中具有根据的体系，是具有可靠性的。拜物教的对象只有在人们相信它是神的时候才是神，当失去了人们的信仰，它就会立刻变得微不足道，变成木偶或傀儡。

基于岩井对货币的构想，公司也是一样。公司之所以是公司，是因为大家都认可公司的存在，同意让公司在社会中发挥自己的作用。如果所有人都不相信公司，就不会每天规规矩矩地上班并尽忠职守。

或许有人会认为这种言论不过是纸上谈兵，毫无真实性。但即使只基于我很少的经验，我也可以切实感受到这并非空论。

我曾多次面临公司濒临破产的情况，那宛如人间地狱。昨天还被员工敬畏的总经理，今天就有可能沦落成要被禁止管理财产的无能之人，没有员工想同公司一起毁灭。这种时候，公司只能落得被债权者粉碎的凄惨结局，在不被信仰的瞬间，公司里的等级制度、规章、激励体系和价值观都会变成没有意义的符号。

公司为了成为公司，有必要拥有一种魔力，使它表面上看起来仿佛永生不灭，其支柱是大家相信公司会永远存续的信仰。在第Ⅰ部里，我曾说明股份公司存在的根据之一，就是需要超越自然人永远存在（Going Concern，持续经营）。当持续经营的魔力消失之时，公司的败局就已注定。公司为了成为公司，必须像"人"一样"活着"，同时必须超越人类的寿命"长生不老"。若非如此，公司便无法作为公司而存在。

利益共同体公司

我想从两个层面来分析公司的本质：

（1）结构层面，即岩井克人提出的股份公司的双重持有关系，以及这种关系使股份公司具有的特质；

（2）心理层面，即人们明知股份公司有弊病却无法摆脱它的价值观的原因。

关于（1）将在下一章里详细讨论，因此这里只做简单说明。由于股份公司具备所有权与经营权分离的"绝技"，所以才诞生出双重持有关系，这一点是不言而喻的。那么所有权与经营权必须分离的原因是什么呢？大家必定能够想出一些理由，但可以判断，其中最重要的是这种体系可以最大规模地募集资金，可以最高效、便捷地使相关人员获得最大利润。如果所有权与经营权像过去一样归于一体，那么公司就只能在经营者资本范围内活动，无法享受大规模经济的好处。通过分离资本和经营，公司可以为了前景良好的业务最大限度地募集与联合资本。

股份公司的体系包含了投资——回报的投机要素。该要素不同于劳动—生产—销售—资本回笼的流程，因此股份公司内含了欲望这一强力引擎。劳动—生产—销售—资本回笼的体系仅仅是再生产循环，但追求回报的欲望会促使企业无限地扩大再生产，这种欲求正是发展企业的根本动力。

后来公司里自然而然地出现了股东和经营者两类拥有不同想法的人群。股东只关注自己的股本是否增加，经营者必须听从股东无言的命令，而这些命令可能与经营者的经营理念相悖。随着所有权和经营权的分离，经营者的伦理观也被分裂。人们从股份公司诞生之初就意识到了这一事实导致的弊病，现在人们也认为这是许多股份公司发生丑闻的间接原因。尽管如此，因为找不到比它更有效率地追求利润的体系，所以它一直存续了下来。或许在股份公司诞生之时，大家确实把它当作最高效且最有效的体系。但从现在来看却不尽如此。

许多人明明了解这一体系的缺点，却还从心里认同它制造出来的价值观。

这就是问题（2）涉及的内容。为了理解这一现象发生的原因，仅谈及岩井克人所说的股东与股份公司、股份公司与公司资产之间的双重持有关系并不够。股份公司是所有相关人员共同参与的一个幻想共同体，因为这个特点，公司内的相关人员形成了默契的规则，也就是所谓的共同体法则。特别是在日本，从战后到现在，股份公司对其员工而言，扮演了一个命运共同体的角色。可以看出在那个时代，股东和经营者还未像今天这样明确分离。但即便如此，在公司管理不同于往日的现代公司中，也存在出生于那个时代的人。

为了分析人们明知这一体系的缺点却仍深陷其中的原因，我们有必要注意其中诞生的一种令人意外的错乱关系，就是人类被自己创造的、本应由自己控制的共同体影响，并对其产生依赖感，被共同体的目的和延续共同体的伦理反向控制。

人们在自己设定的框架里思考

公司的命令不合理，意味着被命令者的价值观与公司的价值观是相反的。简言之，公司的价值观是企业利益和股东利益的最大化，这与公司归谁持有、公司的治理权归谁所有等所有权、治理体系上的问题并无直接关联。即便公司具备所有人和治理人，它的目的也仍是利益最大化。既有公司热心于慈善事业，也有公司积极投身于环境问题；既有公司把员工当作奴隶使用，也有公司珍惜并培养员工；既有公司拥护股东决定权、以眼前价值最大化为战略，也有公司为长远考虑，努力丰富企业文化与人力资源。但如果经营者更新换代，公司的战略与理念等也很容易发生变化，一旦陷入危机就只能舍车保帅。采用何种经营风格取决于经营者的资质，以及当时的资产状况与外部环境等因素，但不变的唯有公司原本的目的，那就是利益最大化。如果有所不同，那也仅在于是追求短期内实现还是追求长期内实现。

无论处于什么情况，公司的目的都是利益最大化。从本质上而言，公司并没有其他目的，而这一目的同样也是人类的目的。不同的是，对公司来说那是唯一的目的，但对人类来说却只是多个目的当中的一个。公司原本的目的与员工和全社会的目的并不一致。准确地说，是既有一致也有不一致。

令人不可思议的是，在绝大多数情况下，人们虽然知道公司的命令不合理，但依然高高兴兴地听从，帮助公司在最短的时间内、以有效的方式实现最大利益化。人类习惯于为了一个目的而忽视其他目的。

当然，也有很多人为了自保而选择口是心非。人们即使认为公司的命令不合理，也不得不遵守"天命"，即公司的命令是绝对的。有时甚至在做了违法行为之后，人们也不从伦理上谴责自己。公司为了追求利益最大化，要求员工彻底遵守追求合理性的行为规范。如果抛开利益最大化的目的，这种规范几乎是没有任何意义的纪律和命令。但如果以目的为最高导向，这些就成了超越纪律和命令的价值观。其中，并非因为有个人的主体价值观，所以创造出了公司的目的；而是公司的目的孕育出了员工的价值观。员工规范并非由员工内在动机形成，而是诞生于公司强加给员工的价值观。

对公司高度忠诚的员工一定会顺从于这种价值观。对个人来说无理荒唐的命令，可以提高员工对公司的忠诚度。如此一来，一切都被颠覆。员工就会认为，对公司有价值的事情对个人也有价值，损害公司的利益也会损害个人的利益。"员工"这一说法可能不太准确，应该是包括经营者和业务员在内的所有公司成员。对此，个人并非指公司成员，而是在共同体成员身份之外的一个独立人格。也就是说，一个人的身体里栖息着公司成员和个人两种身份。

公司的价值观和个人的价值观在大多数情况下呈现出对立的关系。常言道："银行总在晴天时送伞，雨天时收伞。"就算负责人和分行行长想对资金周转困难的经营者伸出援手，组织的伦理也不会允许。即便在同一组织的内部，个人价值观和公司价值观也常常有激烈的冲突。正如亚当·斯密说的那样，"人如果期待从对方那里得到什么，不能渴望对方大发善心，而是要期待对方拥有利己之心"。公司里尽是具有利己心的人，而且利己心是形形色色的。

公司里原本有各种利益冲突的人，但为了同一个利益共同体能发挥作用，大家必须暂时收起各自的价值观。由此可见，公司的价值观自始至终都是为了延续公司这一共同体。尽管如此，人们既会把这当作全社会的价值观，也会把其当作自己的价值观。人们为什么会被不属于自己的、只属于组织的价值观所控制呢？

人们很容易破坏自己一个人制定的规则，无论是戒烟还是戒酒，都可以反反复复地打破，别人制定的规则也是一样。但共同体制定的习惯和规则是无法被轻易打破的，因为如若打破，便不单单是违反规则，还是真正意义上的（即宗教意义上的）对共同体的"背叛"。把规则替换成价值观，情况也是一样。即使在共同体的价值观和个人价值观有明显不同的情况下，只要个人归属于这个共同体，就不能从它的价值观中脱身。当人类处在一种框架当中时，会用这个框架创造出的语言思考，会基于这个框架创造出的价值观做判断。这时，框架本身是不可见的。人类最终受控于组织的价值观。

要想避开这种价值观，只能采取一种方法，就是从公司这一框架中脱离。

刻进公司里的人类欲望

现在，公司可以被当成物品买卖。公司的价值观也因此扩大了范围。在利益最大化之上，还增加了其他目的，即公司现值最大化。现值的最大化就是保持股价最高。

实际上，现在的公司持有各种各样的资产，不仅包括可见资产，还有信用、品牌等不可见资产，但决定公司现值的是股价。公司可以被股东买卖，根据股东的意愿去运营。它在作为持有者的同时，也被其他人持有。

公司的双重性令人感到不可思议，但因为人们已经对公司司空见惯，所以在日常生活中渐渐不再对其抱有疑心。人们误以为公司的历史与人类历史一样久远，是自然而然诞生的事物。但如前文所述，当掀开历史的面纱后，我们发现股份公司的历史并非如人类一样古老，它也并非自然而然地诞生于这个世界上的。17世纪初，人类的欲望造就了公司。

欲望一方面构建了无边无际的幻影,另一方面创造了满足欲望的装置。当这种幻影和装置融为一体时,股份公司就诞生了。

虽然人们赋予了公司"法人"这一法律人格,但自始至终都是人类为了自己的便利而采取的行为,公司并不具备人格。尽管如此,人类为了便利赋予公司的人格,宛如弗兰肯斯坦创造的怪物一般开始独立行动、控制员工的生活及影响社会,人们渐渐无法轻易控制失控的公司。

为什么公司屡屡弄虚作假、谎报瞒报、违法乱纪?

最容易想到的原因是经营者伦理观薄弱,他们即使弄虚作假、违法乱纪也要追逐利益。但事实上,如果离开了公司这个舞台背景,经营者大多数的不端行为就不会发生。或许应当说,如果不端行为不会被揭发,一定可以获得巨大的利益,那么任何人都很难抵抗这种不端行为的诱惑。即便将与公司有牵连的不端行为归因于经营者个人的伦理观,问题也不会迎刃而解。公司行为不端的所有原因都潜藏于它的特质之中,由于自身的经济合理性,公司才会做出不端行为。现在世界各地上演的事件仅能以这种原因解释。

2001年,美国巨型企业安然的倒闭令世界震惊,紧随其后,大型企业暴露出不端行为,这些事件如实揭示了公司的负面形象,也就是说,公司会失控,任何人面对公司的失控都无法力挽狂澜。同期,日本也频频发生企业越过法律底线的案例,比如活力门伪造报表,建筑业甚至出现了伪造建筑抗震强度的问题等。

事件后续,安然创始人莱被捕,日本活力门的堀江贵文等经营人员也因违反证券交易法被捕。

我并非打算讨论安然和活力门的经营者对自己的违法行为认识到了何种程度,也不打算讨论他们的罪状按照现行的法律应该如何处置，这些是法律学家的事。我也并非想追究他们的伦理问题，那是道德学家和宗教学家的工作。我想论述的是，这些事件并不是因为这部分经营者个人的野心而造成的。

个人野心家也会为了满足自己的野心而跨越法律的底线，这种情况在任何领域都有可能发生，事实上也已经发生过许多次。但从根本上来看，以公司为舞台发生的安然事件和活力门事件，与个人犯罪的相位并不相同。这些公司的经营人员并不是从最开始就带着犯罪意识进入公司的，如果不考虑报道中提及的原因，即明显的个人利益驱动的原因，那么他们联合作假就是为了公司着想。我们应当注意一点，即使那种行为是反社会的，被司法机关判定为违法，但在公司里居然被认为是一种"正义"行为。正如个人价值观与公司价值观相悖一样，公司的逻辑与伦理同社会的逻辑与伦理再次呈现出矛盾。从本质上来说，这与奥姆真理教内部的逻辑和伦理同世俗的逻辑和伦理有矛盾，完全是出于相同的理由。如果共同幻想被打破，那么那些人一定都极其寻常，甚至会是很有伦理、很善良的人，让他们犯下魔鬼行径的不是他们的个人性格。不，任何人处于共同体内部都有可能做出同样的事情。吉本隆明通过《共同幻想论》分析的这个问题是一个重要的观点，值得多番揣摩。

股份公司的不端行为虽然并非惨无人道的事件，但与此拥有一样的结构。自进入21世纪以来发生的伪劣建筑、伪劣食品、假账等一连串企业丑闻（将在第10章详细论述），与经营者和负责人的个人品格没有关系，今后即使在不同时间、不同场所也会发生。

因为这要归因于公司这一幻想共同体原本具有的弊病。

原本具有反社会性质的股份公司

"企业是一个病态的组织,拥有强大的影响力,对人类和社会构成威胁。"[1]

这句话不是在企业中长年抗争的劳动运动家和被压榨的贫困劳动者的诅咒,而是出自本书多次提及的乔尔·巴肯所著的《公司》。巴肯是不列颠哥伦比亚大学的法学教授,他是一名研究者,拥有牛津大学、哈佛大学等大学的学位。他没有从股份公司那里受到比旁人更甚的苛待,他既不是呼吁打倒现体制的左翼革命家,也不是担忧现世的邪教宗教者。他是一名在民主主义世界担任大学老师的普通研究者。即便如此,他还是认为"企业是一个病态的组织"。

在阅读这本著作的过程中,我逐渐意识到,作者话中包含了我们在分析股份公司时忽视的一点,就是公司的本质特征。公司曝出各种丑闻,以及虽然知道从长远来看得不偿失,但依然无数次犯下相同罪行的诱因,都可以从公司的本质特征里找到。

所有的经营学、经济学看似都建立在同一个前提之上——公司提高利益、经济持续增长可以让人类幸福。这个看似合理的前提,听起来不像经过严密考证的理论,更像是基于人类的欲望和期待说出来的话。我虽然在经营学和经济学方面都是外行,但我可以接受不以经济发展为前提的经济学。但是如果说经营学是帮助公司提高利益的学问,经济学是以经济发展为目标的学问,那么毫无疑问,

---

[1] 乔尔·巴肯:《公司》,酒井泰介译,早川书房2004年版。这部分的原新闻素材来自Hadden, Tom., *Company Law and Capitalism*, London: Weidenfeld & Nicolson, 1972, p. 14.

它们属于实用学科。这样的学问并非为了全人类存在，而是为了有特定利害关系的人存在。原本意义上的经济学如果思考的是普遍经济，那么也有必要从人类学角度进行探讨，因为有必要追溯赠予和交换的漫长历史。

我们暂且认为公司诞生时的价值观原本是中立的。主要决定因素——经营者的价值观——综合股东和利害相关方的价值观后，公司的特征在后天确定了下来。贪婪的价值观控制着经营者，这样的经营者带领的公司成了实现贪欲的组织，时而荼毒社会，如带来了贪污、欺诈、公害等。但公司的价值观也会被纯良的经营者净化，成为对社会有益的公共组织。

这种观点有一半是正确的。因为从经验来看，这种情况在现实世界里时有发生。如此一来就无法解释公司无数次重复反社会行为的原因了。在一些情况下，即便会失去信用、从长远来看得不偿失，公司仍会重复反社会行为，也会有纯良的经营者带领的公司意外走上了犯罪道路的情况。我们只能认为，除了经营者个人的意愿，股份公司里还存在其他力量。

也就是说，仅凭经营者个人的人格无法解释股份公司的行为。公司虽偶尔荼毒外界，但从整体来看，它向社会提供了价值，促进了人类的进步。这种话并不是在剖析公司，只不过是公司在炫耀自己的存在价值罢了。

关于公司对人类的影响，《公司》里有一段令人深思的表述。

爱迪生学校的投资人迈克尔·莫表示："在探寻自我的问题上，事实上公司已经取代了教会的位置。"公司想要获得教会曾经拥有的权力，要求"支付代价，遵守教义"。人类的理想状态既不是固定的也不是普遍的，它反映着社会的秩序。回看历史，占统治地位的组织会赋予成员角色定位，这种定位符合组织本身的特征、需求与利害关系。教会要求信徒对神怀有敬畏之心，领主和农奴的关系形成于封建时代，民主社会里存在市民。[1]

正如教会拥有魔力一样，公司也拥有魔力。人类被自己创造出来的以为控制权在自己手中的事物（即货币、法律、国家和股份公司等）掌控，这一悖论的秘密正在于此。一言以蔽之，促使这些事物形成的内在力量源泉在于"共同幻想体"内部。希望各位读者联想起在第Ⅰ部里，我们曾讨论过股份公司的原型即教会法康孟达。

---

[1] 乔尔·巴肯:《公司》，酒井泰介译，早川书房2004年版。这部分的原新闻素材来自Hadden, Tom., *Company Law and Capitalism*, London: Weidenfeld & Nicolson, 1972, p. 14.

第10章 幻想共同体股份公司与个人欲望

驱动个人欲望的他人

为赚取孩子的抚养费和房租而忙碌的工薪阶层,某天突然收到公司因业绩低迷要裁员的通知:"你能辞职吗?"对在公司工作的个人来说,没有比这更不合理的事情了。他们明白,就职之前并未签订可以永远从公司领取薪水的合同,但他们有生活上的责任,有必须抚养的家人。公司面临经营恶化的局面,如果不裁员节省开支,甚至会无法延续。工薪阶层认为,由于失败的公司管理和商业战略,自己失去了收益;但公司认为,由于必须给生产力低下的员工支付薪水,公司的经营才陷入了无可挽回的局面。股东作为公司的所有人也会施加压力,要求必须坚决实行裁员以恢复业绩。

究竟是何种原因导致了这样不合理的冲突？工薪阶层有一种欲望：希望像同年龄的朋友一样，在某个时间建造一栋自己的房子。公司可以实现他们的欲望，但他们没有多余的精力为拥有另一种欲望的群体考虑，即处于公司另一面的股东，股东要求分配公司的利益。公司虽然是产出利润并将其分配给相关人员的组织，但相关人员的欲望时而一致，时而有明显矛盾。或者说，从股份公司的特点来看，公司的成员是指股东，他们作为业务员，不过是一种人力材料，同办公桌、笔记本电脑等耗材并无分别。如果是非正式员工，这种倾向会更加明显。从经营方来看，非正式员工就是用可变成本聘用的劳动力，能够在经济景气时增加引进量，在经济低迷时减少引进量。但业务员中的正式员工原本就是推动公司发展的核心动力，因此必须拿出一部分固定支出保证他们的工资。

我们不容分辩地被卷入经济生活中，公司就处于经济生活的核心，公司分配的工资创造了我们的生活，其中扣除的税金形成了公共资产。全体公司的庞大资本体现了国力，流入公司的资本如果流通受阻，甚至会发展成国家间的矛盾。个人和国家都被人类自己设计出的体系摆布，那里上演的悲剧和喜剧有时涉及国家层面，有时不过是个人生活中的小事。无论是哪种情况，如果没有欲望，这些都无从谈起。这里所说的"欲望"既包括追求私利的个人欲望，也包括追求国家利益的国家欲望。

但人类对所有权和金钱的欲望并非与生俱来。观察地球上所有的动物就可以清楚地知道这一点。当然，把肉片丢到两只饿着肚子的狗面前，这两只狗定会争夺肉片。如果提供多余的肉片，它们就不会一直争夺下去。食欲这种需求如果能得到满足，就一定会消失。几个小时或几天之后，这种需求才会恢复。为了保持身体的延续,食欲这种需求会不断产生。但这种需求总会在得到一定量的饮食和睡眠之后消失,并不会扩大。这种需求是身体为了维持本身的生存,而刻进基因里的机能。如果没有了这种需求,人们不吃不喝地一直娱乐,或是不知厌烦地持续活动,最终会衰弱而死。相反,如果这种欲望因没有得到满足而持续扩大,那么会导致肥胖和营养过剩的问题,最终导致身体受损。过剩的欲望会逐步损毁人类的身体。

我所说的"人类的欲望"并不是这种身体上的需求,而是心理上的欲望。

如果拥有一定的财富,在将其挥霍一空之前,欲望并不会消失。一个欲望的达成又会引发下一个欲望。住在老式公寓里的人,会想要住进现代化公寓;住在现代化公寓里的人,会想要拥有带庭院的独栋楼房。开小型二手车的人必定希望换新车,坐上国产的中型轿车,又会希望有朝一日可以坐上配有大功率引擎、皮革座椅的外国车。虽然大家的欲望可能不尽相同,但一般情况下都会逐渐升级。

欲望不断升级的原因是什么呢?可能有人会说,想要拥有更美观、更便利、更舒适的物品,是人之常情。确实如此,这种情况下,驱动人类欲望的是物品,不是人类为了追求方便的物品而不断刷新自己的欲望。如果进一步深入地剖析自己的欲望,就会有其他发现。

如果"我"像鲁滨孙一样生活在远海的孤岛,"我"还会因为方便而希望拥有那些物品吗?考虑到获得野外的食物所需要的便利性,大多数文明的利器恐怕会变成无用之物。"我"之所以想住进现代化公寓,是因为除"我"以外的某人已经住在里面。"我"想乘坐大型外国车,是因为"我"的朋友已经有了一辆。"我"产生欲望并不仅仅是因为内心涌现出来的对便利和效率的需求,而是对

"他人"已经拥有这种东西产生了强烈的反应。

为什么会发生这种事情呢？我曾写过以下内容：

> 人类为了了解自己，需要他人的存在。这种情况下存在一种奇妙的双重性，即他人必须与自己有相同之处，同时自己也必须与他人有不同之处。①

欲望的终点是货币，货币是区分"我"与他人最明确也最易懂的指标。在社会之中，我们并非只想拥有能够换取自己生活必需品的货币。我们想和别人拥有的一样多，或者能够表现出自己和他人有所区分。人类学家勒内·吉拉尔创造出了模仿欲望理论，他表示："人类欲求他人的欲求。"这句话准确地表达了上述关系。

如果不存在他人，也就不会存在对货币的剩余欲望。从这个意义上来说，欲望和他人构成了共犯关系。"我"的欲望需要他人，他人对"我"的欲望赋予意义。替换"我"和他人，这种关系也同样成立。如此一来，"我"和他人不断相互扩大彼此的欲望。也可以说，"我"产生欲望的原因是他人给予的。若是如此，那么他人产生欲望的原因也是"我"给予的。

宛如衔尾蛇之环的因与果

任何时代都会出现企业的丑闻，列车脱轨，对核电站操作失误的隐瞒，表露出公司毫无伦理的违规行为与违法行为等不断发生。

---

① 平川克美：《反战略商业的建议》，洋泉社2004年版。

为了搞清楚发生这些丑闻和事故的原因，大众传媒十分用心地搜索犯人。犯人或是没有道德的经营者，或是苛刻的劳动条件和对机器的失误操作。找出原因再加以改善，能够避免这样的丑闻和事故吗？并不能。它们从未消失，反而随着社会的高度发展和日趋复杂不断增加。

当然，如果公司违反了当时的法律与社会规则，其行为理应受到抵制。人们应当用法律审判违法行为，用规则判定违规行为。但如果认为这么做对公司的行为有教育的效果，未免太过乐观。事实上，企业犯罪和丑闻的增多，轻轻松松就否定了这种观点的正当性。尽管人们追究并尝试消除导致企业犯罪和丑闻的原因，设定了惩罚规则，为了不再发生同样的事情而努力，但为何事态从未得到改善？

我只能想到一个理由，那就是我们所以为的原因，实际上并非真正的原因。或者有因必有果的因果关系不像我们想的那么简单，它其实难以理解且没有定数。

事实上，人们所认为的原因，其中大多数不是原因，而是历史的结果，最多只是历史的一种效果。人类总是颠倒原因和结果，不，是人类想要颠倒这个顺序。

这个比方可能有些奇怪，但请大家回忆任意一名天才运动员。比如说泰格·伍兹这种罕世奇才，任何人都无法模仿的超强度训练与自律精神造就了泰格·伍兹这位著名的运动员，比起正因为是泰格·伍兹，所以才能够承受这样的训练，更容易理解。但大家都很清楚，并非任何人都可以在经过这样的超强度训练与合理性思考后成为泰格·伍兹。超强度的训练与具有合理性的思考，只不过是成就著名运动员无数条件当中的一个。不，或许这并非条件之一。

泰格·伍兹是几十年一遇的天才，但粗略一想也能明白，天才的出现，需要无数名天才候补者为其开路。一名天才的出现，离不开无数和他无关之人的欲望。这一连串事情虽然没有直接的因果关系，但也具有某种联系。如若没有无数无关之人的欲望，泰格·伍兹甚至未必会遇上高尔夫这项运动。即使接触到了，他也未必会如此热衷。努力与成就之间的因果关系是很容易编造出来的假话。但我无法厘清驱使他练习高尔夫的欲望之间的关系，或许连泰格自己都无法清楚说明其中的缘由。

事故的"内化"

大家可能会问，我说这么多的目的何在？

我想表达的是，原因和结果的联系无法用因果关系这么单纯的逻辑关系来说明。如果有人追究某种结果的原因，他不会想到事实上自己可能也在某种程度上成了这个结果的促成者。

大多数情况下，所谓的原因是失败的结果所编造出的故事。虽然看起来宛如事实，但强加的意义却是虚构的，这样的原因中至少包含说话人的偏见。事实如何，谁都无法判断。

JR福知山线脱轨事故是司机不慎超速引起的。确实如此，所有事故都是当事人对事故直接影响因素的疏漏、忽略或误操作造成的。但是，虽然超速可能是引发事故的原因之一，可车体设计本应包括应对这种人类过失的故障保护装置。这样一来，就会像搜查犯人一样，怀疑直接原因究竟在于轨道设计还是车体装置，抑或是刹车系统。

系统有瑕疵一定会导致事故吗？未必如此。按这种思路追究原因，需要分解构成事故整体的各种必要条件，找出每一个条件的不在场证明，将它们从搜查范围中排除。但不管调查范围有多大，都无法得到确凿的证据。仅能确定事故实际发生了，以及存在引起事故的人类。

司机驶过事故区间时的速度为何比往常快呢？后来人们得知，司机在之前的伊丹站没有停车，人们认为司机为了弥补乘客的时间才提高了该区间的车速。这一事件进一步暴露出，公司过去针对过站不停者的处罚过于残酷，该种惩罚被称为日勤教育。讨论结果最终归因于过度民营化，人们将其视为事故的根本原因。JR西日本为了确保利益，比起顾客安全更重视降低成本，或许是因为同其他民营化的JR公司之间存在激烈竞争。

我无法认同这种观点。

民营化与事故之间确实有关联，但认为其中存在直接因果关系的观点并不合理。并不是说要从这场悲剧里吸取重要的经验教训，就得找出因果关系，明确原因所在。那并非学习经验，只不过是把事故标签化就了结而已。重要的是，能否还原其中的关联。因为只有这么做才不会让事件草草了之，随风消散。

我们必须深入引起事故的司机内心，有必要通过剖析他的内心，确认他是否也有相同的焦虑和欲望。或者有必要把公司领导关注什么、不关注什么当作自己的问题去看待。或许有人会否定这种行为的可行性，认为这是文学手法。但为了回避事故，每个人都有必要让自己明白事故并非一人之过，也并非某些瑕疵导致的结果。我们需要关注自己所处社会中存在的问题，或者关注生活于社会中的自己内心存在的问题。我想将此称为事故的"内化"。

不幸的发生，是历史提炼出的一个不可动摇的事实。因为是不可动摇的事实，所以可能有无数种原因与解释，一百人罗列出的原因甚至可能各不相同。但这并不意味着确实有一百种原因，也不意味着其中九十九种是错误的，只有某一种是真实的。我们只能确定另一个事实，即人类思考出了一百种原因。那么他们认为这是原因、那不是原因的理由是什么呢？

他人引起的欲望

虽然这一章的考察对象是股份公司，但考察的重点并不是它，而是可以从哪些方面对它进行分析。"内化"是指不在找出原因后就把围绕股份公司发生的各种问题束之高阁，而是把这些问题当作你我身上共同的问题去看待。希望我们的讨论能够打开实现"内化"的大门。

钥匙之一正是人类的欲望。本书里所说的弊病就是人类欲望的别名，下面我先围绕欲望描述原因导致结果、结果创造原因的复杂过程。

如前所述，股份公司最初诞生于合股公司（Joint-Stock Company），合股公司是不正经的股票经纪人游荡于英国交易巷的活动成果。他们认为比起自己兴办事业、制造商品，在商品市场中绕远路获得利益，通过寻找有潜力的人向他提供金钱可以更快地走向成功。他们的想法是，利用自己在股票买卖过程中掌握的方法，从想要赚更多钱的投机者那里收取本金进而获取利益。如果商业是自己兴办事业、制造商品，再把商品投入市场转换为金钱，那么他们则是把自己的资源投入到了本质异于商业的地方。商业的本质是以商品为媒介与他人往来，不管可见与否，绕开商品的金钱交易并非商业。从这个意义上或许可以说，金融是从商业结束的地方诞生的另一种商业，它诞生在商业的边界。

鲁滨孙漂流到孤岛上后自给自足，可是他无法把制作出的多余物品带去任何地方。为了养活自己，他不得不去捕鱼、狩猎，去播种以待收成。其中虽然有劳动，但没有商业行为。同时除了自己的基本生理需求之外，鲁滨孙只能与其他欲望绝缘。因为在生理需求得到满足后，欲望依然会持续出现，它是一种过剩现象。孤岛上的生活里无法出现过剩，因为那里没有分配过剩之物的其他人。

人们通常认为，交换的发生是因为一方有所缺，另一方有所剩，其实并非如此。围绕杰文斯提出的"欲望的双重一致性"的不可能性，岩井克人做了以下说明。

> 除非共同体有规制或中央集权强制施令，否则在想出手商品A的人想得到商品B时，如果想出手商品B的人恰好不想得到商品A，则不能实现交换。[①]

这可以反映，货币起到了一种作用，即便不符合欲望的双重一致，它也可以使交换成立。货币确实是促成交换的手段，同时也是催化剂。但在货币出现之前，或者在已经出现货币的情况下，也有"沉默交易（译者注：Silent Trade）"这种非货币交换。在部族社会等封闭的社会里，过去和现在都存在赠予—回馈形式的整体赠予交换。

人类原本不是为了期待回馈才赠予的，而是单方面把自己过剩

---

① 岩井克人：《货币论》，筑摩学艺文库1998年版。

的东西赠送给他人。对鲁滨孙来说没有他人,他没有可以赠送过剩事物的对象。如果没有他人,就不会发生商业行为,也就是说,鲁滨孙生活在与商品没有联系的地方。

可交易巷的经纪人们认为,只要有他人,即使没有商品也可能会产生商业行为。他人并非偶然经过的路人,而是希望不劳而获的人与拥有自我实现欲望的人,后者只要有本金就能获得某种成功并借此证明自己。经济人为了实现这样的目的需要一个舞台,在这个舞台上,经济持续增长,人们有旺盛的需求,并且有人相信明天一定比今天更加幸福。处于这样的时代背景,经济人才能思考出一本万利的方法,这个方法就是成立股份公司。

一开始出现了有三种不同欲望的人:

(1)希望把钱交给别人而自己可以不劳而获的人;

(2)周旋的中间人;

(3)希望借助他人的钱创造自己的事业的人。

接着出现了有第四种欲望的人:

(4)为了满足自己的欲望意图用劳动力交换货币的人。

后来又出现了有第五种欲望的人:

(5)即消费者,他们会从公司投入到市场上的商品中找到自己想要的东西。

这些人可以分别称为投资者、银行家、经营者、劳动者和消费者。

为了成立股份公司,必须聚齐这些参与者。如果缺了其中一方,即便有可能成立股份公司,也无法让其延续。这些人各自被自己的欲望驱使,来到同一个舞台。在舞台上,每一个登场的角色既看似在为所欲为,又仿佛处于一个庞大的系统中,相互影响,朝着共同目的前进。

利息的起源

利息是延续该系统的催化剂之一,它是人们赋予金钱的特征。如果没有利息,这部剧就会变得单调、无趣,最后落下帷幕。如果没有利息,第一个出场的人物就没有机会"把钱交给别人而自己可以不劳而获"。基督教教徒应当在《圣经》里看到过禁止收取利息的表述,伊斯兰教中也有相同禁令。然而,即使在西欧世界,在世俗社会里,并没有无息贷款。

利息究竟是由谁在何种环境中创造出来的呢?每个地域诞生利息这一概念的经过都各不相同,但很有意思的是,在西欧世界、伊斯兰文化圈以及日本都形成了连本带息还款的方式。

关于日本列岛上的利息起源,网野善彦有以下表述。

> 在日本社会中,金融的起源可追溯到古老的出举。出举与种稻相关,人们会把最先收获的稻穗献给神,但会将其储藏在神圣的仓库。在日本列岛的社会里,管理该事项的是共同体的首领,在下一年,首领会把最先收获而后储藏于仓库的稻穗作为神圣的稻种借给农民。当收获期来临,农民不仅会向仓库返还借来的稻种,还会增加一些稻子(利息)以向神表示感谢。这一循环就是出举的基本原理。[①]

---

① 网野善彦:《重读日本史(全)》,筑摩学艺文库2000年版。

这是一个很有意思的考察，解开了利息起源及其效果之谜。人们为了向神表示谢意，把稻子当作利息，这是一个了不起的发现。但更重要的是，出举这一体系是维持共同体所需的原理，是依据人与神之间有借有还的循环而实现的。网野基于这一事实得出了另一种有趣的看法。

> 无论是贸易还是金融，皆因与超越俗世的神的世界有关联才得以实现，所以从事贸易、金融的商人和金融业者是俗人无法轻易做到的。因此，中世纪的商人和金融业者一般都以对神忠诚的信徒的立场出现。

网野善彦注意到了一点出人意料的内容，即在新生期，贸易、金融等商业必须经由神的名义才能被允许。因为俗世中的财物交换一定需要劳动，为了使不劳而获的行为正当化，有必要把那看作神佛的恩宠，也就是把不劳而获当成神赐予的礼物。

赠予、互惠的交换体系在转变成市场经济体系时，经历了脱胎换骨的飞跃，因为需要把统摄人类伦理的唯一权威"神"暂且拉下神坛。不，这里或许可以调换因果顺序，因为神的权威降低，欲望交换获得了自由，所以市场经济得到了发展。

无论如何，在日本中世的市场贸易黎明期，市场相当于贸易中心和金融中心，那里原本是神的管辖区，这个事实颇有意思。在这样的管辖区中，忠诚的信徒被赋予特权，他们就成了商业人士和金融业者。在日本，这种独特的金融体系迅速世俗化，不过单纯为了收取利息而放贷的行为是从13世纪后半期开始的，到了15～16世纪，这一做法完全固定下来。同时期，国家体系突然脱离天皇和神的控制，面临俗世的权力斗争。在这场南北朝的动乱当中，商品货币经济的推动者，即过去的天皇和神的忠诚信徒，努力寻求新权力的庇护，与守护大名和战国大名等世俗权力进行合作，积累财富，同时逐渐形成中世的城市。网野着眼于日本列岛整体的结构变化、基础变化，这种变化的原因是天皇制的衰落和随之而来的神的权威的衰落。后来他进一步推断，忠诚信徒（或者说是出入神圣场所、与俗世有所区分的人们）就是在这一时期开始同普通人出现差别的。

虽然上述考察很有说服力与趣味性，但进一步深入就会越来越偏离本书的主题。或许正如马克斯·韦伯在《新教伦理与资本主义精神》中所述，即使在欧洲、美国，甚至在世界史中的古代印加，也都能发现商业与神圣之物的关联，这是一种普遍现象。

我们回到原来的话题，出现在英国交易巷的投资经纪人，已经是和神圣之物没有任何关系的世俗之人。并非他们遵从自己的欲望创造出了利息这一体系，而是先有利息，他们被利息点燃了欲望，这些人可能正是最初意识到自己的欲望是金钱的人。不管起源在哪，分红暗含唤醒人们欲望的力量。为了延续分红的体系，有必要借助时代背景的力量。在这种时代背景下，将来的回报一定大于已经投入的资本。

欲望共同体和无偿赠予

在出现于交易巷，各自拥有5种不同欲望的人们中，股份公司处于核心地位。比起此前的普通公司与合伙制公司（Partnership），股份公司的明显区别就是所有权与经营权的分离。

扮演投资者、银行家、经营者、劳动者、消费者这些角色的人们在思考一个问题，如何通过实现自己的愿望，使欲望的象征（金钱）最高效地增殖。这里自然也可以调换因果顺序。因为存在股份公司，为了强化它的功能，投资者发现可以从中获取利润，银行家想出了通过在其中斡旋获得佣金的方法，经营者认为可以利用他人的资本实现自己的野心，劳动者认为参与其中就能得到工作。事实上，如果没有股份公司，交易巷的经纪人们就想不出短期谋利和像骗子一样获得佣金的做法。

但问题不是哪一个更先出现，如果他们没有增殖资本，没有实现野心的欲望，从原理上来说，股份公司这种形态也无法存在，这一点很重要。

被欲望附身的人们想要聚集起来，建立一个营利性组织，但这个营利性组织不能仅仅只满足各种欲望，因为正如亚当·斯密所说，人们实现的总是和自己预想的不一样。

股份公司这一营利性组织也创造了预期之外的价值，超过了发起人的个人欲望，如追求个人私欲甚至可以推动经济增长，提高社会便利性，创造新的文化财富。

经营者被公司的所有人雇用，为了获得工资，通过运转公司以实现赢利而工作。但除了个人欲望，他们对公司来说还具有"养育之恩"。正如父母对孩子付出不求回报的爱，经营者也对自己的公司倾注了感情。

如果符合所有权与经营权分离的原则，经营者基于经济合理性来行动，那么经营者对公司的感情也是合理的产物吗？经营者的内心会萌生出不求回报的爱吗？实际上，在经营者雇用员工、组建团队、合作共事、创造商品的过程中，经营者和员工一定都对公司做出过无法兑换成金钱的赠予行为。其中既有可见的情况，也有不可见的情况：对团队和成员创造出的商品的爱是不可见的；为了克服资金周转困难而投入资金，为票据做担保等是可见的。经营者会把资金周转困难当作自己的负担，会给没有回报的票据做担保。

从所有权与经营权分离的原理来说，这种事情不属于经营者应当承担的责任。但即便如此，实际上在公司里，在共同体的成立过程中，这种无偿赠予行为必然会发生。经营者通过这种无偿赠予，从仅以创造利益为目的被雇用的对象，变成了公司这一共同幻想的核心存在。

员工又是如何呢？如果员工只想着劳动与报酬间的等价交换、独立自主、实现自我等规划，就没有余地考虑对公司的忠诚。如果没有忠诚度，组织就没有凝聚力；若没有凝聚力，组织就毫无用武之地。建立组织后，为了维持组织的存续、发挥出其作为整体的力量，需要一个幻想的轴心来凝聚组织。

如果没有发挥这一功能的事物，那么组织如何把原本自由的个体吸引进组织里呢？吸引个体的理由只有一个，即亚当·斯密说的"他们的利己心"。在公司里，这种利己心的意思明明白白，就是对金钱的欲望。

但为金钱而来的人类注定也会为金钱而离开。

如果有人才市场（现代的公司论和战略论都以此为前提），而且这个市场可以发挥有效的作用，那么劳动力就会常常处于流动状态。员工的目的是寻找能够支付更高工资的公司，而非把精力投入到自己的工作上，就像股票交易者的情绪会因股价的高低一喜一忧一样。

20世纪90年代末，我做了在美国创业的准备，但那时有个很受人关注的问题——美国硅谷劳动者的留存率特别低。如果我没记错，因为IT工程师的跳槽，他们在一家企业的平均工作时间不足一年。所有人都为了追求更高的报酬在企业间流动。当时许多企业家认为这种情况不会持续下去，但直到IT泡沫经济崩溃，也没有人能阻止这一情况发生。可如果这种现象持续下去，就无法实现技术和专业知识的传承与积累，最后共同智慧就会日渐贫瘠。

这一时期，另一方当事人——经营者——为了确保短期收益，接连裁员。

宾夕法尼亚大学人才研究中心所所长彼得·卡佩里认为，20世纪80年代以后，接二连三的机构精简与裁员，辞退了部分业务员。美国企业经营者的最大课题，就是如何恢复这部分人员对公司的忠诚度。[1]

经营者、员工如果都只按照个人的经济合理性行动，就没办法维持对企业存续来说必不可少的动力。金钱激励或许可发挥一时的作用，但一旦经济衰退，经营方就会立刻掐断金钱激励的供给。

我想说，使某个事物的诞生和成长具有可能性的不是等价交换，而是其他原理。在家庭这样的血缘共同体中，就是父母对孩子不求回报的爱。在公司中也是一样，如果没有经营者和业务员对公司的无偿赠予，公司就无法成长。

我们很难解释许多业务员持续在公司工作，对将要产生的工作充满动力的原因，但或许可以理解为是出于对共同体的信任。可以明确的是，只有基于这种信任才会诞生共同体的伦理。

无论是经营者还是劳动者，只要对自己的工作倾注热情，就会创

---

[1] 彼得·卡佩里：《雇佣的未来》，若山由美译，日本经济新闻出版2001年版。

造意料之外的伦理。同时，这个结果巩固了共同体的精神（伦理）。这与企业品牌是不同的，前文所说的精神是组织最根本的幻想轴心。共同体的精神不同于社会上默认的一般共同伦理。企业里没有善恶的价值观，有的是与共同体紧密联系的忠诚度价值观。抽象地说（虽然也只能如此），那是对自己所属共同体的爱或者骄傲。

20世纪初全球化席卷日本，雪印乳业、不二家、三菱汽车工业等公司接连被曝出丑闻，他们失去了人们的信任，这并非因为品牌形象下滑陷入了经营低迷。在此之前，经营者失去了培养公司的"父母的热情"，陷入了等价交换的阴谋，只顾保证短期利益，因此经营现场的积极性减弱。人们可以真切地感受到这一变化，工作现场的人们也不再以在这样的公司工作为荣。结果导致了一种近乎认命的观念，在不兴风作浪的同时拖延时间，而不是与公司的方针对抗。

"发病"的不二家

我们来看具体案例——不二家被曝出丑闻。这家日式点心制造商是我这代人小时候的憧憬。

2007年1月12日，《朝日新闻》网页版发布了下面这篇报道。

> 大型点心制造商"不二家"（总公司位于东京）的埼玉工厂使用了去年10月至11月过期的牛奶，制作了约16 000个泡芙并流入市场。为了说明这一问题，该公司在11日召开的记者会上表明，去年6月，从该工厂制作的西点奶油蛋糕卷中检测出了含量超标的细菌，但这批商品直接流入了市场。

本报从该公司了解到，在针对去年6月8日生产的奶油蛋糕卷进行细菌检测时，检测出的细菌约有食品卫生法规定标准的10倍，不二家自定标准的100倍。本来应当在二次检测后废弃，但由于检查结果没有在公司内被彻底通报，有113块蛋糕流入市场。我们还了解到，该公司在制造苹果派的过程中也使用了超过最佳食用期限的材料。

这里存在共同体的束缚，经营者和员工都无法从公司一定要持续发展，一定要实现利益最大化的幻想中脱身。他们没能处理好公司的漏洞，不是因为他们的伦理观有缺失，而是因为他们打造的共同体伦理与社会伦理相悖。

该事件被曝光后，所有人都认为"不二家的经营团队很愚蠢，使用到期材料节省出的成本和曝光之后的风险，二者孰轻孰重，连这么简单的算术题都做不出来"。最开始我也是这么想的。大家认为导致这一事件的原因是，经营团队长期以来成长于同族经营这种松懈的环境，因此对风险的感知能力太差。即便只看2007年1月的后续报道，也能得知大众媒体和评论家大致有相同评价，同族经营的古老模式造就了现在的不二家。

但如前文所述，说该事件的罪魁祸首是恶劣的经营者，我认为这一解释从根本上就是错的。在我看来，这是股份公司体系发病的一个代表性案例。下面的例子也都出于相同的原因，如雪印乳业、三菱汽车、百乐满热水器、日兴证券，以及上述事件发生10多年后再次出现的神户制钢检查、维修、原材料相关的数据伪造事件。

在不二家这个案例中，由于市场结构的变化，即消费者的偏好随着时代的变化而变化，或者偏好的选择趋于多样化，不二家事实上面临长期经营低迷或者发展停滞的问题。超出"最佳食用期限"的并非原材料,而可能是公司经营者的时代感。尽管如此,落后于时代的公司经营者未必会做出这种轻视消费者的行为。

我了解到不二家这家公司是在20世纪60年代,那时力道山活跃在电视上。我记得每周五晚八点,迪士尼动画和职业摔跤隔周轮放,当时的电视广告就是不二家的蛋糕。对当时的孩子来说,画面中的蒙布朗蛋糕和草莓巴菲是梦寐以求的好东西,是只有在特别的日子才能吃到的食物,因此所有人都很憧憬不二家的蛋糕。如今在便利店就可以买到蛋糕和巴菲,在家庭餐馆也能吃到,它们不过是一种日常食物。街角的蛋糕店鳞次栉比,纷纷在配色、形状和味道上比着下功夫。消费者的行为变得多样化、个性化,他们甚至会考虑买哪家店、哪位西点师傅做的哪款蛋糕。对于这样的市场结构变化,不二家的经营者没能丢弃过去"大众都憧憬的不二家品牌"的幻想。想想就能知道,他们的组织或许也失去了改变方向的灵活性。即使如此,公司也必须继续保障利益,因为对公司来说(准确地说,是对股东和受股东委托经营的经营团队来说),确保利益应当优先于其他任何任务。

就像以前一样,无法提高营业额的公司,确保利益的手段只有一个,就是节省成本。到了这一步,任何经营者都会考虑这个方法。其实除此之外还有其他选项,如跟上市场变化的步伐,改进商品,或者缩减公司规模、改善运输、改良服务等。但大家都知道,确保利益最可靠且最简单的方法就是节省成本,如减少宣传、应酬、研究开发、人力、原材料等方面的开支。不二家必定也采取了这些方面的措施,但他们的努力看似没有瞄准这个原理上的问题,自己的付出当真值得吗?问题在于为了节省原材料费用,他们不择手段，违背商业伦理，使用到期的库存。从原理上说，股份公司里不存在即便损失利益也必须维护的伦理。

该事件以后，人们频繁提及企业社会责任（CSR），"守法"（Compliance）一词也在企业里逐渐扎根。但不管是企业社会责任还是守法，公司完成这些任务的前提是得赢利。已经出现亏损却还要完全尽到社会责任，这样的公司违反了公司成立的目的，是自我矛盾的。不管是企业社会责任还是守法，肯定聊胜于无，但只把它们当作说辞，肯定无法解决企业的实质弊病。

任何企业人都不能责怪不二家的经营者无能。如果说他们有一个不足，那就是对公司来说，虽然一定要赢利，但如果不能存续，赢利就是无稽之谈。公司的现状虽然是清晰可见的，但公司建立的架构是不可见的。公司为了规避损失利益的一时风险，采用违法手段节省成本，这关系到公司的存续，是有风险的行为。他们没能注意到这种风险，致使他们看不见这种风险正是弊病的根源所在，股东给予的压力就是其本体。对公司倾注感情的经营者和员工共同制造了幻想的轴心，股东并未共享这一轴心，他们处于共同体外部，意图满足自己的欲望。公司业绩一旦恶化，他们就立刻抛股，移动到下一个看似可以满足自己欲望的宿主那里。

股份公司常常面临一个问题，即如何平衡互相矛盾的长期目的（公司存续）和短期目的（利益最大化），同时做出决策。如果最高经营层具有实质上的中长期的远见，站在这样的经营者立场，即使面临股东的压力，也会把公司存续和稳定增长当作优先级最高的任务，那么他们一定理解承担企业社会责任和守法是确保利益的长期战略。

显而易见，上述假设没能实现，原因完全在于公司的所有人股东，以及他们只以确保短期利益为目的。以公司现值最大化为使命的经营者，甚至也逐渐按照股东的视角来经营公司。

在当下的法人资本主义时代，股东（不管是否为直接股东）就是"我们的欲望"的具象表现。欲望就是在任何时候都追求现在可以实现的事物，会不断增殖，如果眼前有实现欲望的机会，任何人都很难无视它。我们只是恰巧没在发生丑闻的公司担任股东，如果我们是这些公司的股东，那么我们不可能对利润最大化没有兴趣。

"发病"的活力门

活力门事件已经淡出了人们的视线，仿佛已经过去了很久，但在分析股份公司相关问题时，活力门事件占有重要的地位。2007年3月16日，东京地方法院对主犯堀江贵文作出判决——判处有期徒刑2年6个月。

关于堀江贵文的言行，本书也略有提及，这里没必要描述他个人和活力门的特点。因为我个人对堀江贵文和活力门几乎没有任何兴趣，这种事情过去也发生过无数次，现在也有相似的案例正在上演。

由于同风投企业的经营者有一些深交，因此我很清楚部分风投企业存在诈骗行为，但我在此不会细说。如果说活力门事件与其他同类事件有何不同，那就是人们对堀江贵文的评价在那前后发生了巨大变化。他以前被追捧为全球化资本主义时代的英雄，经常登上大众媒体，甚至曾被推戴去参加选举。确实，对很多市场原理主义拥护者来说，堀江是实现了前沿精神的英雄，许多"股东"和年轻人也视他为新时代的英雄。但在他被逮捕以后，大众媒体的论调转变了方向，把他捧上神坛的同伴沉默了，许多年轻人也不再拥护他。(众所周知,在出狱后,他以电视演员的身份复出,写了几本书,还参与了火箭事业。在现在的政权下,他和他的同伴再次受到人们关注。)

堀江的罪状是散布虚假股票信息,借助为钻法律空子组建的投资基金公司买卖本公司股份,并将这笔收入违法计入合并报表中。报表中被计入了子公司的虚假销售额,而这是不被允许的。虽然活力门已经时常出现亏损,但他们做了约53亿日元(约合人民币3亿1066万元)的假账欺骗股东。

另外,关联公司"活力门营销(Livedoor Marketing)"在宣布企业收购时,公开了虚假的换股比率等信息,在本公司的结算简报里将亏损伪造成了赢利。这些行为都是为了夸大本公司的实际规模。暂且不讨论判决是轻是重,如果他们违法了,就必须受到法律的制裁。

不得不说,我对于该判决解决和搞清楚了什么问题还百思不得其解。当然,我并非期待法律的回答,法律能做的只是在违法与守法之间画上一条边界线。

令人惊讶的是,法官在下达判决后开始介绍一封信件,那封信来自一位孩子有缺陷的母亲。信里写道:"被告有远大的梦想,创办了公司,甚至把企业做到了上市。我对他怀有近似于憧憬的感情,他给了我工作的动力。我用存的钱买了活力门的股票,并且直到现在还有持股。"(摘自asahi.com)大众媒体也介绍了这个评价,进一步报道了蒙受诸多损失的股东的看法。

总之,大众传媒看似想表达他们的愤怒之情,因为这次事件有许多受害人,堀江背叛了这些充满善意的股东,因而具有了"道义上的责任",但他却完全没有道歉。

我最初觉得这种做法很不合适,如此一来,便完全看不出这次事件的本质。不仅如此，我甚至认为事件的本质，直接被表面的道义责任和对受害人的同情等掩盖了。

这种论调完全欠缺了两点指向性。

第一，大家忽视了不管动机为何或者买家是谁，买股票这种行为都属于个人责任。如果有人进入战时状态的伊拉克后变成了俘虏，那么在该情况下是不涉及个人责任的，但个人责任正适用于买股票这种行为。

买股票的行为意味着期待股票涨价，可股价涨跌不定。当然，由于公司呈报了虚假信息，上当受骗后购买了股票这种情况，股东与公司并未达成一致意见。正因为如此，法律才有所规定。但即使股市的透明性没有得以确保，也应当认为买股票对股东来说是有风险的。

实际上，我们最开始就知道，不存在完全透明的市场，股市只有风险与回报。不劳而获的意义就在于此。

任何人都知道赌博作假是不好的行为，提前把顾客吸引到不够透明、不够公平的赌场本身就是欺诈。但活力门的问题不在于此，它的问题在于针对赌博这种行为应当采取什么立场，这是我们面临的根本问题；在于我们生活的社会中已经被嵌入了能够不劳而获的"机制"，以及我们应当如何看待这种现象。

要避免上述风险，最开始就不投资股票即可。投资股票一定是以个人责任为前提的。买活力门股票的人不是善意的第三方，他们把赌资投入有风险的公司，期待它增值后能够从中获得回馈，并非路过橱窗的购物者发现了中意的商品而后购买。

如果是我，我会思考那位孩子具有缺陷的母亲为什么没说"梦想用钱买不到"。世上的不利条件，在无法享受到合理利益的环境中

（在等价交换的价值观创造的环境中）才是不利条件，克服不利条件就是改变环境本身。改变环境就是要消除差别，努力让社会包容不利条件，把不利条件当作自然而然的现象。接受不利条件为自然状态，才会形成公平、公正的规则。

第二，许多人认为堀江没有尽到经营者道义上的责任。作为公司的经营者，他应当考虑如何使公司现值最大化，对堀江来说，这是公司经营的"伦理"和"道义"。但是，人们应该责问的并非堀江个人道义上的责任，而是公司的道义是什么。

如果堀江有问题，那么这个问题并不是为了追求现值最大化而钻法律空子，而是他只考虑到了现值的最大化。堀江曾多次提及"股东利益最大化"，这对股东和堀江本人来说，都涉及巨大的利益。

但公司价值并非仅用市值来衡量。认为市值就代表公司价值，等同于把公司当作商品来对待。公司的确可以经由股东同意被买卖，这意味着用市价买卖钟表和宝石与收购公司是一回事。诚然，在股东资本主义的逻辑中，未记录在资产负债表中的不可见的价值不是原本的公司价值，反映在股市里的公司现在的市值才是公司的价值。但仅把市值反映出的价值称为公司的原本价值，其中存在不合理之处。

净资产总额与市值之间的价值差额，如凯恩斯"美人投票"的暗喻说明的那样，不过是投资大家都判断会涨的股票出现的结果。最终，追求市值最大化的经营方式越来越注重提高"表面的吸引力"，而非"看不见的资产"。

造成这种局面的是包括这次受害者在内的股东们，比起10年后公司的稳定，他们更要实现当前市值的最大化，股东对经营者施加了这样的压力。可以说，股东甚至完全不关心公司是不是讲道义、守伦理。鉴于此，不管怎么说，认为市值正是公司价值的观点，是站在视公司为商品的股东视角的产物。股东是股份公司这一商品的所有人，同时也是公司这一共同体的"亲生父母"。令人感到讽刺的是，股份公司的"亲生父母"在造就公司、令公司成为幻想共同体的过程中，一直处于共同体的外部。无论是在观念上还是在实质上，股东都未共享公司共同体具有的命运共同体一般的幻想。因为有限责任制这条分界线，股东虽然是公司的所有人，但也从公司引发的各种责任中被分离了出去。

岩井克人所说的公司双重性[①]，可以认为原本就是股东双重性孕育出来的。

如果贯彻这种股东的价值观，公司的价值就会无限接近交换价值。就好像即使是货币那种没有实质、本身不具备任何效用的事物，只要具有交换价值即可，公司所有人的观点正是如此。

17世纪初东印度公司成立之后，伦敦交易巷成立了许多虚假公司。广告牌和建筑看起来非常近代化，外观看起来跟以前完全不一样，但实质有什么变化吗？

堀江创造了活力门，在法律的灰色地带增加资产，如果没有违法的证据，谁也无法按照法律给他这种行为定罪。这种做法即便打了法律的擦边球，那也是堀江的自由，而且任何时代都有与堀江看法一致的人。关于本事件，堀江本身并没什么错，可能只是做法不合适。在某种意义上，他那么认为是对的，资本主义就是一直靠扩大贸易的灰色地带发展过来的，这应当被称为股份公司的弊病。堀江或许利用了股份公司、资本主义一直具有的弊病，但并非因为喜

[①] 岩井克人：《未来的公司》，平凡社2003年版。

欢才那么做的。

弊病与善恶完全是不同层次的问题，这个问题不是道义、道德问题，而是所有人都没有觉察出整个体系的毛病。

因为股份公司这一体制抱有的根本弊病，堀江贵文才得以扩大公司。虽然他擅长这么做，但没必要把他捧成推动了资本主义时代发展的英雄，推荐他去选举，或者让他说什么人生信条。不管是称赞还是批判，有识之士应该更明确地指出这件事的问题所在。堀江热衷于赚钱是他的自由，投资他以期待回报也是股东的自由。但擅长赚钱的人类没法同时再擅长其他领域，不如说，更多人在大多数情况下都是平庸的人。

没有针对这件事进行彻底评论，导致了现在堀江针对政治事件散布平庸言论。只能说，在电视娱乐节目、社交平台上支持堀江的人，都仿佛是没有辨别能力的"孩童"。

世界是各种各样价值观的复合体，无法用一种价值观解释世界。金钱只能在金钱是万能的地方发挥力量，虽然确实有这种地方，但它是很有限的，并没有那么广泛。堀江和股东没意识到金钱的万能性中存在局限性。这是我的看法。

第11章 技术革命与"生命原基"

改变商业的互联网

我想说些老话。仅仅是距今25年前的事情。

当时,美国和日本,不,全世界发达国家的人们都沉浸在互联网泡沫中。互联网书店亚马逊开设于1995年,同年微软发布了Windows95。推动以亚马逊为代表的互联网商业抬头的是前一年发布的网络浏览器——网景导航者(Netscape Navigator,浏览软件)。互联网开始商用就是在这个时候,在那之前,互联网只用于军事信息处理、管理系统,或者是作为计算机研究员、专家的研究工具。当然,在那之前计算机就投入使用了,不过它只是管理公司信息的计算器而已。当时谁都没有清晰认识到,这个网络浏览器有多大的威力。

我和所有人做的一样，连接电脑，打开最初的浏览器马赛克（Mosaic），当在涩谷宫益板自己办公室的桌面上看到牛津大学一间房间里放置的咖啡机时，我惊呆了。互联网就是在这时展现了它的惊人威力。

互联网一开始是作为压缩空间的工具出现的，在不同场地之间无时差移动成了现实。这时任何人都无法准确说出互联网的未来，但都真实感受到了互联网180度地改变了空间。我在这个技术面前只能惊讶地张大嘴巴，但目光敏锐的商人应该已经看出了某种可能性。

1995年是划时代的一年，借助计算机实现的互联网成为变革商业的工具，这种"武器"的威力甚至可能改写商业模式。IT虽然被翻译成信息技术，但从这个时候开始，IT作为信息交换技术（也就是交流工具）重生了。

在此之前，信息的抵达需要经过漫长的空路、陆路，但现在可以实时到达地球的另一侧。从商业方面来看，这的确是一场革命。一直以来，仅靠一位怀有救世理想的高尚领导者是实现不了革命的，武器商人和诈骗者会在暗地里活动，同时伴随着民众的疯狂和混乱。同革命一样，投资者、投机者、诈骗者们盯上一个商业机会企图大捞一笔，他们涌到前景良好的商业模式面前，于是就发生了商业革命。

当人们的期待超出实际情况时，庞大的资金便会流入前景未知的商业领域，偏离商品交换创造出的原本的商业，如此一来就产生了泡沫。任何泡沫都会破裂，因为回收金额必须高于投资金额，投资和回收的差额即投资收益，只有通过实体商业产生的利润才能持续获得投资收益。当然，这是原则上的理论。实际上在初期投资，新商业领域的公司的价值就是股价，会因首次公开募股和收购等情况暴涨。由于股票的供给和需求失衡，5万日元的股票会突然涨到1亿日元。价值在短期内上涨和下跌，就会出现投机。

翻开历史书就会发现，这样的事情时常发生。比如17世纪荷兰的郁金香泡沫和18世纪英国的南海泡沫事件（请参照第Ⅰ部的内容），比如次贷危机泡沫导致的雷曼危机，今后可能还会发生与此相似的事件。即便在当下，如果去了赛马场，几百日元的马票有可能会在一日之间变成几万日元，这是很常见的，如果爆冷门甚至会有百倍的回报。问题是当处在像泡沫时期一样的时代转型期，需要了解波涛汹涌的海面下是否发生了其他事情，或者根本没有本质的变化，海面上的变化就是一切。当身处泡沫之中时，没有人能察觉到海底发生的大规模地壳变动。

不管是什么样的泡沫，要不了几年一定会破裂；膨胀到几十倍、几百倍的股价也会迅速下跌。

互联网的出现让商界变得狂热，但没过多久，互联网就迎来了萧条。处于这样不景气的情况中，一些在互联网商业的世界中募集了大量资金的企业破产了。其间当然也有成功上市、一夜暴富的创业家。最终胜出的是在早期阶段就确立了商业模式的亚马逊和雅虎，还有而后作为"嫡子"诞生的谷歌，它以搜索引擎起家，再次从根本上颠覆了既有的商业模式。

如果把先前的互联网初期称为一期革命，那么10年后，就可以把谷歌、亚马逊、脸书和苹果席卷世界的时期称为第二代互联网带来的二期革命。

如果把从根本上改变世界结构的事情称为"革命"，那么在互联网的世界里，许多互联网用户已经感受到一场"革命"仿佛正在发生，还莫名觉得可怕，但未必清楚那意味着什么。

亚马逊公司诞生后采用的商业模式为"取消库存"，把全世界的书店和消费者联系起来，这种模式给市场带来了巨大的冲击，堪称一场流通革命。尤其是对经销商力量非常壮大的日本出版界来说，亚马逊的出现带来了不可忽视的流通革命，动摇了出版商业的根本。在亚马逊处于黎明期时，我在硅谷工作。许多公司进驻了当地的写字楼，我目睹了亚马逊的商品连日来一直被送到这些公司的门前。这种模式带来的冲击不仅包括降低了流通成本，而且用户可以轻而易举地检索到自己想要的书。在此之前，如果想买书，还得特地跑到书店，很多时候找来找去最后却发现书已售空。借此人们再次注意到一个问题：相对于巨大的出版量，摆放书籍的书架太少，这使传统的图书流通出现了漏洞。

但是，要想明确第一期互联网革命的意义，就有必要等到20年后，互联网进一步发展到临近第二期革命之时，也就是说需要从亚马逊通过投入资金维持赤字，等到可以用实际利润来运营之时。

以前亚马逊的出版业务是靠畅销书的销售额支撑起来的，畅销书只占出版总数的百分之几，相当于生产商用很少人开发的商品来养活几千名员工，这幅光景在当时很常见。但如果分析亚马逊现在的营业额就可以清楚得知，渐渐有单子订购以前的积压库存，总计接近畅销书的营业额。即便有些商品需要花很长时间一点点卖出去，但只要书店的展示成本和查找书籍的整理分类成本等无限接近于零，就有足够的商机。

以前，从数量庞大的出版书目中寻找过去在某处发行过的一册书，需要消耗相当多的时间和劳力，但现在可以瞬间且近乎零成本地寻找到一册书。这向我们展示了，互联网不仅能压缩空间，还能压缩时间。也就是说，互联网首先可以压缩空间，其次可以压缩时间。

2006年,梅田望夫写了一本畅销书,叫作《网络的演变》。我们已经很清楚,在其后大约15年的时间里,互联网技术给我们带来了什么,工作方式和交流方式都发生了很大变化。暂且不谈是否能断言这是积极的变化,我认为互联网的技术革新给人类社会带来了颇多益处。只是,它对人类最独特的部分,智慧、对事物的感受方法和判断能力等是否产生了正面影响,我对此感到怀疑。

传染病学家三砂千鹤是我很尊重的一位熟人,以前我从她那里了解到,渡边京二(作家、思想家)曾说过,20世纪至21世纪的技术革新与"生命原基"是矛盾关系。确认后得知,这句话原本出自伊凡·伊里奇,原话是:"所有文明在生命原基上,建立起制度化的二次人工构造。但在20世纪至21世纪,这个二次构造强化了人工性、规划性、幻想性,与生命原基是敌对关系,这是不曾有过的。所有问题都诞生于此。"(《生的意义——对"体制""责任""生命"的判断》,藤原书店2005年版;《生的希望——伊凡·伊里奇的遗言》,藤原书店2006年版。)

渡边京二把伊里奇的话刻在了心里,将这句话当作自己思想上的北极星。而后三砂千鹤被这句话触动,出版了《为女之事》(藤原书店2015年版)。

按照我个人的理解,这里他们所说的"生命原基",就是人类作为自然人原本具有的生存能力。从某个历史节点开始,所有的技术革新逐渐与这个"生命原基"形成了对立。进一步说,今后的技术革新总体上会削弱人类作为自然人的生存能力,不会让人类走向幸福,反而会把人类引向不幸。

下面的文章是基于2007年所写修改后的内容,所以当时还完全不了解那之后会发生什么。2010年，智能手机开始普及。在下面的文章里，我希望考察在互联网黎明期，这一新技术的功与过，希望各位读者基于这一情况继续阅读。

很多人略显兴奋地跟我讨论了《网络的演变》这本畅销书，告诉我书里甚至描写了互联网创造的未来。围绕前文所说的海面下的真相，这本书当真给出了一个清晰的回答吗？它成为畅销书的理由想必是，许多读者认为书里的内容就是在互联网水面下发生的事情，其中揭示了现在与未来的相关问题。确实，关于网络革命的本质、今后的走向，作者采用了创新的观点，进行了通俗易懂的分析，对混沌不明的互联网世界做出了精彩的解读。我认同他的大多数解释，并从中获益良多。

但书里隐含的逻辑越简单易懂，我越会感到一种明显的不协调感。简言之，作者梅田的论据都是互联网技术创造的世界里的果实，梅田的"智慧"看似并没有触及带来这种结果的本质。我想说的是，他在书里曾提到"由不特定的无数智慧集结而成的庞大数据库"，这种观点只能让我想到新出现的"反智主义思想"。

《网络的演变》的主要内容为，互联网世界正在发生巨大的变化，这场变化与比尔·盖茨、马克·安德森、杰夫·贝索斯等人推出的通信工具和流通革命完全属于不同维度。

除了贝索斯，其他人都是一期革命的参与者，那时革命还仅限于计算机领域，只有个人拥有计算机，计算机对他们而言才是便利的工具，可用于个人交流和商务。但以谷歌为代表的二期革命逐渐实现了一种壮举，使互联网不再仅作为一种手段，而是成为改造全世界智慧的基础设施。

这是什么意思呢？

梅田写道："互联网的真正意义是将与不特定的无数人的联系成本几乎降低为零。"这句话概括了他在这本书里想表达的内容。作者举了一个好例子，二期革命的目标是"从1亿人中的每人那里得到1日元，总额就是1亿日元"。以前为了得到1日元，会付出远超1日元的劳动和成本，因此无法实现，但一种魔法解决了这个问题，即互联网使成本几乎接近零。实现这一目标的企业正是谷歌，现在后发的微软吸引了人们的关注。谷歌将匿名的人们（信息）联系起来，就像从每人那里收集1日元汇集成1亿日元那样，构建了庞大的信息数据库。如此一来，博客和社交平台等链接个人与个人的网络，就像一个有智慧的生命体在不断扩张。如果把这些聚集的信息称为"智慧"，那么这确实是人类史上的革命。

演变的危险性

接下来进入正题。

梅田使用了网络的"彼岸"和"此岸"这种表述。"此岸"只有一个个分散的"智慧"，"彼岸"有"庞大的智慧发电站"，实现它的就是电脑系统技术。

这种二分法式的解析当真可以准确说明互联网的今生与来世吗？如果梅田的看法正中要害，那么这意味着什么呢？梅田在书里究竟想表达什么呢？这些是我的疑问。我介意的一点是，不管是网络的"彼岸"还是"此岸"，梅田把在那里积累的信息都称为"智慧"。互联网世代才华横溢，我并非想对他们吹毛求疵，追究一些细枝末节的措辞。把"信息"解读为"智慧"，正体现出被市场化的当下的本质特征。

梅田写道，如果不虚心接受网络上发生的事情，就无法看到今后可能发生的新现象的本质。

> 如果因为网络上充满恶、污浊和危险而躲避网络，因为将不特定的无数人的参与视为群愚而停止思考，那么双眼就会被乌云蒙蔽，忽视新现象的本质，无法观察未来的新现象。①

我的想法与此不同，我不喜欢这种说话方式。不仅不喜欢，我认为由于互联网的出现和其后信息的泛滥，人类确实忘记了智慧的本质，也忘记了对智慧的尊重。

无论收集多少个1日元，也变不出钱以外的东西；无论收集多少信息，也只不过是量的增大。将其称为"智慧的积累"，体现了信仰科技的根本风险。科技确实正以不可阻挡之势发展，但这么说几乎没有意义。因为科技进步就像在搭积木，只是在一层一层地搭建技术。我并非想说科技没什么了不起，也并非想发表否定科技的反时代言论，我只是想说，只要人类参与科技，它的持续进步就仅为自然过程。

我在前面提到"智慧的本质和对智慧的尊重"，简单来说，知识可以像积木一样堆积，智慧却不行。新的智慧反倒只会出现在一种情况下，那就是堆积起来的思考过程像积木一样倒塌的时候。就像我们无数次说过的那样，智慧的本质不是我们自己了解了什么，而是了解自己不了解什么，这也就是元认知。简而言之，并非对"了解"的"了解"，而是对"不了解"的"了解"——再次从另一个角

---

① 梅田望夫：《网络的演变》，筑摩新书2006年版。

度思考自认为已经了解的事物。我们以为自己知道自己是谁（如50岁，爱好读书、看电影，有近视眼或老花眼，身高1.6米，体重60千克，有双眼皮，有耐性但容易厌烦），但即使把我们能知道的所有信息汇集起来，也无法再次构建一个自己。因为我们虽然有自己的信息地图，但离开了自己活着的身体。

从苏格拉底、笛卡尔所在的时代到尼采、马克思、弗洛伊德，抑或从孔子、孟子到空海、一遍上人、亲鸾，可以说在先贤智慧的起点都横亘着不了解自己的本质这一问题。不了解自己的本质，也就是说自己的智慧也是不了解之物的活动。不管智慧发展到什么地步，都无法触及这个不了解的东西，只能深深感受到自己当真不了解这一事实。

认为网络的对面有智慧，网络联结起来的人可以形成一个环，这是人们的自由。但智慧和人都只不过是没有实体的信息，我们有必要对此保持疑问。无论收集多少信息也只会变成更庞大的信息，除此以外不会出现其他事物。

我看过一篇报道，某社交平台的一名用户自诩"2年内交到了1万名朋友"，他的朋友圈不过是稀释到万分之一的友情联系起来的网络，考虑到这种可能性难道不是一种智慧吗？

互联网技术与人际关系

虽然我在前文写道，不管收集多少个1日元，也变不出钱以外的东西，但并非说完全不可能出现量到质的变化。现在，1日元几乎不能和任何东西交换，好像脱离了金钱的基本定义，也就是金钱的流通基于能够与任何东西交换的可靠性。即使路边有1日元硬币，多数人会连看都不看一眼。如岩井克人所说，货币成为货币的理由，就是货币作为货币在流通。货币存在的根据只能用循环论法来证明。不管是1000日元还是1万日元的纸币，如果不能与其他商品交换，那么它只是毫无价值的长方形纸片。从这个意义上来说，只能作为零头的零头而流通的1日元，仿佛只是没有价值的符号。

即便如此，如果收集1万个1日元，它就会突然显现货币的基本特点。稍微一想，质仿佛随着量的增大改变了。但如果1日元只是铝片，上面没有刻1日元的标志，那么即使收集1万个，也只会得到如山的铝制垃圾。这意味着，只要1日元是货币，那么大量积攒的话货币价值就会增大。但如果把大额金钱分成无数份，它就会变成没有价值的东西，甚至连作为货币的意义也会变得微弱。

如果世界上所有现象都有阳与阴两面，那么这种不可逆的变化正发生在当今互联网世界的阴面。

技术的发展是无限的，但任何人都无法准确地说出它的发展方向。虽然已经是30年前的老话，但我曾参与《二元大脑》（*The Binary Brain*）一书的翻译。我不清楚这本书现在怎么样了，但它的主要内容是计算机虽然可以代替人脑功能相当大的一部分，但无法代替全部。人类将会拥有两个大脑：一个是进行只有人脑可以胜任的感性处理的大脑，一个是进行人脑无法胜任的数量处理的计算机大脑。因为是30年前的话，现在想想这种对计算机的理解确实很古典，但这种思考方式是比较积极的未来观念。通过计算机的发展，人类可以获得技术智慧与人类智慧的总和。但技术与人类真的会像1+1=2一样携手进化吗？计算机代替的能力越大，人脑中最像人类的功能就会退化吗？

如今，人们和办公室的邻座只能用邮件交流，虚拟的世界变得日常，人们开始闭门不出。人们的思维模式日益简单，倾向于二元对立的模式，比如只能考虑到胜负、加减、得失和上下等。当下互联网世界出现了这些现象，看到它们，我感到了一种危险，即人类在无限碎片化后将不再是人类，而会变成一种符号。

"人类是什么"这个问题太宽泛，不是本书可以解答的问题。但即便如此，也可以说，如果没有智慧，人类就与其他动物没有区别了。

接下来就轮到"智慧是什么"的问题了。智慧并不容易定义，世界上有多少人，智慧就有多少种定义。我自己也在研讨会和演讲等活动中提出过这个问题，但我发现大多数情况下答案都因人而异。没有证据表明人类对于自己具备的能力具有一个相同的定义。

即使我们不能判断什么是智慧，我们也可以判断出什么不是智慧。如果我们说智慧是互联网上出现的各种信息，恐怕别人会认为我们在说傻话。我想大家可以认同这一点：如果把智慧当作区分人与其他动物的一个特性，那么从人类身体中分割出去的信息，不管在哪里都只是信息。

智慧只能存在于人体中，也就是说，智慧不是存在于网络中的信息，它在人体中运动，有欲望，有个性。这一点的重要性再怎么强调也不为过。

互联网技术的功绩之一就是无限压缩了空间与时间，因此人们可以和身在远方的友人宛如面对面一样地即时交流，但使用无线电或者电话也可以实现这种功能。更重要的是，互联网能够在一瞬间将不特定的无数人联系起来，这一点使各种各样的新商业具有了发展前景。

为什么这种事情变得可能了呢？当然是因为信息技术的进步。

为了实现将一对一的单向通行的通信，变成一对多传送，进一步发展为多对多的多路传送，必须同时完善通信的基础设施、改善设备、开发软件。只有科技才能使这件事成为现实，但仅凭科技，互联网技术不会发展至此。

互联网技术的发展离不开人类欲望的助力。那是什么样的欲望呢？是想获得超越人类界限的能力这一欲望。人类的界限就是被空间和时间束缚的人类存在形态，科技看起来想要以某种方式突破这一界限。人们想出的一个办法，就是为了无限压缩空间和时间，去无限压缩人类的质量。因为质量受到时间和空间的双重限制，所以如果可以使质量无限接近于零，从表面上看就可以创造出在空间和时间上的自由人。

何谓空间和时间上的自由人？归根结底就是作为符号存在的人类。拥有个性的活生生的人类，不可能同时存在于两个场所，但作为符号的人类就能够做到无视物理限制，遍布于计算机之中。

当然，工程师并不是因为考虑到这个问题才进行科技开发的。互联网技术使在不同两点间交流的信息量暴增，极大提高了通信速度，结果使时间和空间看起来被压缩了。不管是哪种情况，在互联网上增加的无数匿名信息，看起来像是没有面容的"智慧复制品"。

实际上，人根本无法压缩时间和空间。科技是基于诞生于时间与空间的制约中这一逻辑而成立的，软件、程序的每一步都是遵循这一逻辑进行的。无论科技怎么进步，时间和空间都是人手无法触碰的"外部效应"。

栖息于互联网中的人类，看起来是从空间与时间中解放的人类，这样的人类没有具象的脸。看看每天不断在互联网中流通的无数垃圾信息，他写在电子公告牌上的大量匿名诽谤和中伤信息，就好像看见了无脸人增加后的复制品（相当于亡灵）。在实际生活中，他们中的大多数人是普通的学生和打工人。

我并非要否定互联网开辟出的技术，主张它没有意义，想回到没有它的时代。今后技术发展也不会停止，而且它确实提高了便利性，开拓了新商业的可能性。

虽说如此，但希望各位读者注意到，我也并非想考察互联网既有积极的一面也有消极的一面。若要介绍积极的一面，我可以滔滔不绝。对我来说，电子邮件是不可缺少的工具，我经常使用社交软件，在亚马逊上买书，发布推特和博客，我最大限度地享受了互联网带来的益处。我感到更有意思的一点是，偶然事件的发生经过在此前是不可见的，但在互联网世界中开始变得可见。比如在现实生活中的某种情境下，"偶然"遇见了不可能遇见的人。但他是因为什么来到这里，和我又是因为什么相遇的呢？在这个过程中，发生了一些具有很强必然性的线索。在此之前，我只能感受到世界是一个小世界，即使人类的行动确实不那么多样、离奇，也可以通过网络"足迹"得知人类的行动被某种倾向和概率指引着。这再次让我体会到了超现实主义者曾经说过的一个道理，即所有的偶然背后都隐藏着必然。

关于消极的一面，我自己几乎没怎么受过互联网技术的伤害，就算有也不是什么大不了的事。

只是，技术能解决的问题无论如何都只是技术问题，对于人际关系和文化问题，无论如何都是无能为力的，这一点正是技术需要具有的分寸。如果技术干预了原本不应干预的部分，就会失去很多东西。很多情况下需要对便利性与人性进行权衡，比如邮件确实很方便，但代价是扭曲的人际关系，连和邻座的同事交流都要通过邮件进行。

梅田望夫说:"网络世界确实是难以预料的,充满危险,这是事实。但面对这一事实,我们应当如何做呢?我们应该铭记,回避和停止思考不会有任何效果。"[1] 听到这种宛如布道者一般的言论,我感到未来主义者毫无分寸,或者可以说,我感到了思考的危险性。有人也许会说,那不才要停止思考吗?回避科技进步并不是停止思考,如果把它放在停止思考的语境下来考虑,对人类只会得出呆板的理解。人们说话含糊是有原因的,回避周围环境和技术进步也是有原因的。即使本人无法说明这个原因,也不可否认当事人的身体里存在回避进步的警铃。

虽然我啰唆了很多,但目前只是在考察互联网的黎明期,分析了近代化的本质和技术进步的本质,这些是否会让人类过得更富裕,让人类更有智慧,以及这样的革新是否展现出了我们今后的前进方向。

在前些日子,我和评论家川本三郎进行了一场谈话。川本不用邮件,过着与网络没有关系的生活。他既不用手机,也不用文字处理器,他所拥有的最新的电子产品仅为传真,说完他便爽朗地笑了。

读了川本的作品,我切实感受到了智慧是如何形成并深化的,智慧是通过知识链构成的,与信息无关。如此有智慧的人类在与网络没有联系的地方持续进行智慧型生产,就能证明下面这种言论是多么不负责任,即网络是智慧的聚集地,不使用网络就会与世界脱轨。进一步说,只有把自己置于和网络中积累的信息没有关系的地方,川本的智慧才能形成。想必川本正是察觉到了这一点,才主动

---

[1] 梅田望夫:《网络的演变》,筑摩新书2006年版。

地远离了网络信息。

如果互联网技术在很大程度上改变了世界，恐怕人与人的关系也会受到最大程度的影响。为了思考这种变化的意义，有必要从其他视角观察这一变化。川本的生活方法就是从其他角度观察的一个精彩案例。

思考什么东西的时候，有时需要摆脱思考对象，隔绝这一对象的影响。这并不是停止思考，而是因为有些东西只有通过隔绝信息才会被发现。这就是从原理上思考的意义。

互联网与金融的结合

在思考互联网技术给人类带来了什么影响时，可以在金融与互联网的结合中发现最激进的事例。

1998年，美国发生的互联网泡沫经济牵连广泛。互联网泡沫刚开始受到特别大关注时，日本还播出了NHK特别版《货币革命》。这次播出引起了很大反响，无意中听到金融衍生交易和围绕超大规模对冲基金的攻防实态后，人们惊讶得说不出话来。（NHK图书馆系列出版了其详细内容，有机会各位读者可以买来一看。）我打算挑出一些让我记忆比较深刻的场景，分析科技的暴力和危险。

为了获利我挑战了三天，在10秒钟内日元终于上钩了，上钩的日元剧烈翻腾，就像龙因身体被斩断而痛苦地胡乱翻滚。那是最高峰。之后日元迅速下跌，从1美元兑95日元变成了98日元。如果没有每隔15秒就看一次显示屏,那时我已经毁灭了。[1]

金融是什么?简言之就是用钱买钱。当然,金融的基本定义是金钱的流动、集资、资金分配、投资和融资等。如果仅有这些,那就只是一种服务,只是呈现出一种业务形态。但现实里,金钱流动中存在可以捞取庞大利润的机制,这个机制发展成了大型商业。

进一步回看历史,工业革命以后,自由贸易成了世界主流,各发达国家在形成本国优势产业的背景下,从失去自给自足的经济平衡的过程中派生出了金融商业。现在金融商业已经膨胀到制造业和服务业等实体商业的几十倍甚至上百倍,最大的原因是不经过商品市场直接买卖货币可以创造巨大利益。商业原本是指商品和服务等与货币进行交换的全部过程。把资本投进商品和服务等当中,在市场上以更高的价值回收,资本与售价的差额就是利润,使利润最大化的一个方法,就是加快商业过程的循环速度。

一天之内,以前做一回的买卖如果现在做两回,就会有两倍利润。美国式全球化的最大特征就是无止境地执着于这个速度,人们期待新兴企业快速增长,期待公司尽早公开募股。

是谁期待呢?当然是投资者期待,他们期待尽早收回投入的资本。为了这个目的,他们要求避免商业过程中的所有无用之功。后来他们意识到,最无用的就是商业的基础,即需要经过商品和服务(当然,我完全不同意这种看法)。如果可以用货币直接买卖货币,就可以一下子省掉中间拖沓的过程。

---

[1] 相田洋、宫本祥子:《NHK特别版货币革命1:庞大对冲基金的攻防》,日本放送出版协会1999年版。

金融本身不创造任何新的价值，价值的源泉始终在制造和服务一线。在一线，货币与商品或服务交换，储存的货币就是金融的基础。人们把没有用处的货币寄存给银行和投资家，交由他们使用，而后他们在金融市场这一巨大的赌场里交易货币。

为什么用钱买钱会成为商业呢？

货币可以作为货币流通的理由是，货币正在作为货币流通，这个同义反复的事实中藏有货币的秘密。把这句话代入用货币进行的货币买卖中可以得知，在国际货币市场里，货币价格之所以有起有伏，是因为存在国际货币市场。在2008年的金融大崩溃（雷曼危机）中，这个事实第一次无处遁形。

把次贷这种面对低收入人群的住房贷款证券化，再和其他安全证券组合成金融商品（债务担保证券＝CDO）。但到了创造出可以买卖信用风险的金融衍生商品时，绝大多数像抽鬼牌一样的金融游戏已经引起骚动。在这个游戏中，只有最后把鬼牌留在手里的人会蒙受巨大损失，为此要把自己手里的鬼牌尽早换成其他东西。

最后，这个游戏的根本所在，即房贷，一直都是为了证券化而推出的欺诈性贷款，获得收益的可能性很小。随着这一点的日渐清晰，人们越来越明白证券这种东西是没有保障的。结果导致证券化的债券、债券风险证券化的债券等渐渐变成了废纸。但为了明确这个内容，必须等到住房泡沫膨胀到最大，和实际情况的偏离达到最大。因为只要游戏还没结束，就没人意识到这是一场抽鬼牌的游戏，债券销售方银行、债券分级公司、金融衍生产品销售方保险公司等金融体系，会为了自身的存续隐藏实际情况。

金融危险性的根源在于货币这一事物的危险性。

第二次世界大战后直到1971年，世界的中心货币美元还是用金锭来确定价值的。那时1美元具有存单的作用，可以证明预存了一定的金子。因此，存单与钟表的交换可以代替金子和钟表的交换。提供钟表，收到存单，带着存单到交换所，任何时候都可以换取一定的金子。存单具有失控的一面，虽然对应存单的金量是一定的，但存单可以无限印刷，存单的发行方（中央银行）可以大量印刷存单使其在市场里流通。可以随意流通的存单的根据已经不是等价黄金这一保障，只是因为它正在流通这一同义反复的理由。这个同义反复的流通根据为何具有可能性了呢？

那是因为只要国家还为存单的债务做担保，就能让人们相信。怎么做呢？国家既不是用金子，也不是用米和布，而是把存单作为税金来收取，通过这种方式给存单提供可信度。这就是乔治·弗里德里希·克纳普提倡的"货币国定论"。

以前在欧美国家、日本，金本位制都陷入过困境，但以按固定汇率兑换美元的形式确立了间接的金本位制。在1971年美元与金子的交换停止后，这种"间接的金本位制"开始崩溃，即所谓的尼克松冲击。自那以后，各国的通货失去了以此为基础的实物，开始采用浮动汇率制，利用通货之间的相对关系确定价值，通货开始在无限的相对性中浮动。

通货之间的相对关系是什么，这是个有趣又复杂的问题。在此可以先理解成流通的强度，流通的强度可以换成能够在地球上任何地方与任何事物交换的货币通用性和未来的稳定性。（对在山中遇难的人而言，一亿存款不如一块巧克力贵重，对生存没有益处的货币失去了本身的意义。）那么流通的强度是由什么担保的呢？当然是由向货币提供信用的国家稳定来担保的，换言之就是国力。

若是如此，那么流通强度想必会因为不同时间的国家经济情况、政治风险等原因以秒为单位变化。

很明显，这一事实具有很大的市场，这一点从最开始就是显而易见的。但当初了解这个"点金术"的只有熟悉通货秘密、占有通货交易手段的专家（银行），互联网的普及将"点金术"的秘密向大众公开。赋予这件事可能性的是科技，尤其是信息技术领域的进步起了很大作用。

《货币革命》如实记述了这一时期的情况。能否比他人更早入手时时刻刻都在变化的价格信息，决定了这一市场中的商业胜败。最先盯上这一点的是路透社，推动这一商业的是计算机系统。路透社这家公司原本使用信鸽，与德国柏林间通信，在尼克松冲击的第三年，它开发了实时传送通货交易市场信息的显示屏（路透显示屏）。路透显示屏的出现以及之后不断发展的互联网的普及，让现在任何人在世界任何地方都可以实时获取金融市场的信息。

原本金融成为一种商业的要素之一就是，金钱的价值随着时间的流逝会自然增加（另一个是货币的信贷市场）。实际上这种思考方式适用于市场这一历史是有背景的，那就是利息。如果没有利息就没有金融交易，如果今天的1万日元和一年后的1万日元代表相同价值，那么有权用今天的5万日元买5年后印着5万日元的股票（股票期权）就没有任何意义，因为那只是等价交换。但正如今天在银行存的1万日元，5年后会变成1万日元加利息一样，今天的5万日元股票，5年后很有可能变成5万日元加其他附加价值。货币在引入时间概念后，就分离出了价格和价值两种价值体系。在某种程度上，这就像100日元的罐装咖啡在山上会卖200日元一样，但有一个决定性的差异，平地上的咖啡到了山上会涨价有清楚的根据（附加价值），即增加了搬运咖啡的劳动价值，但一年后的货币价值比今天高，其中并没有增加劳动价值。

古老的邮票经历了时代变换可以高价出手，但这个理由与货币价值会自发上涨从根本上是不一样的。古老的邮票和古钱的流通价格会随着时代的推移而上升，只是因为它们在流通市场上越来越稀少了，这种情况下的价值只是表现出了需求和供给的市场关系。

只有货币可以随着时间的流逝自发增长价值，实际上，今天的1万日元无论过了多少年还是1万日元，因此增加的利息是时间的价格。

如前所述，决定货币的当前价值和将来价值差异的，一个是利息这一时间因素，另一个是各个国家的通货强度差异这一地缘政治差异因素。由于这两个因素，货币价值会一直经历眼花缭乱的变动。

岩井克人并没有指责，所有价值都产生于"差异"。由于利息的存在，将来的价值会被添加在现在的价值上，表示时间的差异产生了价值。价值当然不仅诞生于时间差异，还有地域差异，流通不同通货的国家的国力差异，而且要再强调，时间和空间也是产生价值的重要因素。为了了解价值，有必要从超越时间和地理限制的视角纵览货币间的关系。互联网技术通过压缩时间和空间提供了纵观货币关系的视角。

《货币革命》中有被认为导致亚洲货币危机的绝世投机家——慈善家乔治·索罗斯的故事，有一天内损失50亿日元、100亿日元的天才商人的故事。里面也有让我印象深刻的故事，就是我引用过的落魄天才商人维克多·尼德霍夫的故事。

一天内失去所有财产后选择避世的尼德霍夫，好不容易让锲而不舍地请求采访的NHK（日本广播协会）工作人员进了家门，谈起了过往荣光瞬间灰飞烟灭的经历。我在电视上看到这般场景时，没有心痛，而是感到一种不可思议的静谧，就像燃烧殆尽的亡灵在读自己的遗言。或许这是一个离奇的幻想，但就像给人类带去火种惹怒神灵的普罗米修斯被业火焚身，变成残渣的样子。普罗米修斯在希腊语里是"思考的先行者"的意思。索罗斯和尼德霍夫这样的投机家比谁都更先获得信息，而后思考、再投资，然而他们一人获得巨大的成就，变成慈善家，另一人则变成了被毁灭的亡灵。

即便在这种情况下，科技尤其是计算机技术仍大幅提高了人类能够处理的交易量。为此，通过最大限度地提升通信速度、压缩时间，实时联结两个不同的点以压缩表面上的世界（空间），使以前不可能实现的交易量能够无限增大。

更多、更快、更强是人们无尽的梦想，推进这一梦想的是人类漫无边际的欲望。结果，生活确实更便利了，移动的时间、等待的时间、计算所需的努力等都被最小化。但真要说这是不是我们想要的，却无法立刻回答出来。

这是因为当初提高便利性的目的是提高生活质量。但不知道从何时开始，因为欲望还会再生产欲望，就越过了当初的目的，这一印象在我脑海里挥之不去。也就是说，这是超越了人性尺度的，由科技创造出来的欲望无限膨胀的结果。

基于从计算机了解到的信息，以未来结算日的债券价值和现在的债券价值差异为背景，买卖债券从原理上来说可以进行无限大的交易。同时也可以排除实绩、信任等面对面交易中的必要属人因素。

在网络上的共同体中，与不特定的无数人交流，把只有通过在一人间浪费无数时间才能体会到的亲密关系，变成了必须稀释无数倍的对话。

在此我想说的是，交一个一生也相处不完的朋友，获得一生也花不完的钱，获取可能一生也看不完的信息，这些都是科技借着合理性的名义支持并扩大的欲望的最现代的形式。这是人类的欲望在某处超越人类尺度失控后造就的未来幻影。

如果持续追求这个幻影,任由人类沦落于自己的欲望里,稀释生存的真实感,那么所谓的科技的益处不过是被扔给需要一块巧克力的遇难者的一捆钞票。

第12章 个人伦理与国家伦理

群体改变信仰

《芝滨》在众多古典落语中表演的次数最多，从最超群的权威到年轻人都留下了许多舞台，在每年的最后一天和新年的必演曲目中大受欢迎。堪称极品的桂三木助表演的"芝滨"，具有难以言表的韵味，人们听到风景描写和夫妇对话时会特别揪心，情不自禁地流下眼泪。立川谈志的《芝滨》与桂三木助的庄重世界完全相反，从中可以品味到爽快的町人风情，但也会在听到同样的场面时发笑，在同样的地方落泪。当然，名人志生和马生也拥有经典的落语舞台。

村上世彰被捕时，我在自己的博客里写下："村上要是在单人牢房里多听听《芝滨》就好了。"村上究竟知不知道这种日本传统艺术呢（应该知道）？如果知道，又是怎么听这个人情故事，有什么感想呢？虽然无关紧要，但我突然想到了这件事。

为什么会想到这件事呢？在资本主义高度发展和城市化进展的过程中，日本人抛弃了一直以来约束自己的价值观和生活准绳。我认为不仅抛弃了，还开始相信与其完全相反的行动规范。说明什么是生活准绳并不容易，如果说是封建社会中孕育出的美意识，也大概如此。或许更应该说它接近身体感觉，但如果要用语言表达，大概是对世间的"礼数"。用经济学语言来说，就像"托您的福"这句话表现出的那样，是指对世间负债的偿还义务。

在资本主义高度发展之前，日本人的心性中刻有对自然、神，偶尔还有当权者的"托您的福"这种负债心情，以及必须偿还的责任感。这可以抑制欲望的肆意生长和先于他人实现自己的欲望。

比如说，书店里是《赢家的时间管理方法》《1年赚1亿的方法》或者《成为名流的10条建议》这类书，体现出了人类对欲望毫不羞耻的肯定。名牌加身的年轻人在大街上昂首阔步，向输家投去轻蔑的眼神。企业为确保利润，不顾一切地坚持裁员，报纸对裁员之举大加赞扬。结果导致有人揭发某些企业通过隐瞒结算结果防止股价下跌，通过使用到期食材节省成本。

肯定并表露欲望没有好坏之分，但在有的时代会被认为是羞耻的、不美好的。比如会认为20多岁的年轻人坐奔驰、开宝马，身穿LV和香奈儿，并不好看且太过嚣张。

不管在什么时代，无论人多人少，都会有人被金钱吸引，奉承成功人士而歧视穷人，我并非想强调现在这个时代更严重。在任何时代，欲望都会驱使人类为了交换金钱、名誉，为了出人头地，付出自己的感情、善良与自尊。大家都有这种矛盾心情，金钱既是重要的，又是卑劣的。大多数人如果过得比现在贫穷，就会给贫穷赋予意义。按照我的经验来看，小时候大人教给我们的是不一定要成为有钱人，而是要有自尊地活着，要有不服输的精神，人生有金钱取代不了的价值。

在大学里，我问160名90后学生有没有看过《寅次郎的故事》，这是从1969年到1995年放映的全长48部的国民系列电影，本想应该有一半人看过，但实际上一个人都没看过。只有一个人说虽然想看，但看了开头十分钟就放弃了。

其他跟我不是一个学校的年轻人甚至说，跟"疯癫的车寅次郎"这个角色没有任何共鸣，这个电影里没有任何地方能让他笑得出来。确实，粗野、任性、旁若无人地行动的主人公，在他们看来或许是性别歧视、种族歧视、轻视劳动者、任意妄为的人。导演山田洋次应该赋予车寅次郎这样的性格：正直、温柔、直率，讨厌不合理，不为金钱和权力低三下四，这样的车寅次郎才是昭和人的代表。

在昭和时代，即便做错了也从未听别人说过回小学学炒股去。至少许多日本人认为总围着钱打转让人羞愧，人类不应凭职业分贵贱等，即使那只不过是愿望。或许是因为战后的所有日本人都很穷，所以需要不同于贫富价值观的其他价值观，至少可以说，贫富不过是衡量差距的万千标准之一。作家关川夏央确实说过"平等的贫穷"，但那个时代已经成为遥远的过去。

经过收入倍增、一亿总中产的六七十年代，日本人平均过上了经济宽裕的生活。80年代采用了双休制，人们关心的问题从怎么找工作、维持生活，变成了去哪儿过周末、怎么打发空余时间。简单来说，精神生活日渐褪色，物质财富的价值相对增大。消失的是日本人的美意识，如把清贫当好事，侮辱金钱，以强撑为美德，同情武士，互帮互助等，取而代之的是个人主义的价值观，如追求舒适的生活，想要赚钱，羡慕人生赢家，信仰合理性，追求独立自主、自我负责、他人有错主义等。

从某种意义上或许可以说，这种结果是城市化带来的必然的人心变化。近来繁荣的市场主义精神，就是出于全面肯定个人的功利性欲望的经济思想。人类可以利己地活着。确实如此，为了把人类从陈规陋俗和束缚中解放出来，有必要认可利己心。但有人把"可以利己地活着"这句话解读为人一定要利己地活着，这是现代具有代表性的一种风潮。即便如此，人类真的可以如此简单地与过去的价值观诀别，否定过去的价值观然后生活下去吗？

在某种意义上，这个价值观的逆转现象相当于集体改变宗教信仰。尽管如此，我并没有听过对这种改变宗教信仰的行为的公开说明和反驳意见。如果发生在个人身上，想必会出现这种情况。可是发生国民规模的、集体性的价值观变化，难道不应该对此有任何说明吗？没能这么做的理由只有两个：一个是没有实际发生过集体信仰变化之事，也就是说是我想错了；另一个是这种信仰变化不是有意识地进行的，而是像癌细胞增多一样，是一点点不知不觉进行的。无论哪种可能性，都必须不带入先入之见地验证。即使如此，如果这种国民规模的信仰改变是一点一点发生的，接下来就会浮现出一个疑问，这种信仰改变为什么是一点一点发生的？或者说是什么导致了国民一点一点地改变信仰？

在得出结论之前，需要先确认作为前提的"宗教信仰"是什么、是如何改变的，或者需要先确认宗教信仰是否改变了。

落语传达的看不见的价值

可能有些俗气,但落语《芝滨》里充满了"日本人独特"的美意识。加引号不是为了强调这种美意识是日本固有的,因为许多日本人认为这种美意识正是日本的特征。这种美意识指的是对金钱绝妙的距离感、工作的意义、夫妇的理想。

比起解释其中的意思,我更想简单地讲个故事。

鱼胜是鱼店老板,住在巷子里的长屋。虽然有本事,但是有爱偷懒的毛病,不愿意认真劳作。因此他老婆抱怨道,这样下去会债台高筑,连锅盖都揭不开的。鱼胜并不觉得自己会一直这样下去。他不情愿地去芝地的河岸边做生意。老婆提前了2个小时喊鱼胜起床,他到岸边时天还没有亮。站在岸边等天亮时,他在水边发现一个皮质的钱包,里面好像装了金子。确认了钱包里有42两金子后,他立马又跑又跳地回到家。鱼胜认为可以享受一段时间了,可以呼朋唤友,一边喝酒一边打闹,想着想着鱼胜睡着了。

一睁眼,他问老婆钱包呢,老婆却说,不知道什么钱包,你做梦了吧,真是没出息,快去做生意吧。鱼胜为自己做了这么肤浅的梦感到可耻,决心接受教训,改头换面。

后来他戒了酒,拿出干劲儿努力做生意。3年后,他开了家自己的店铺。

在某年的最后一天,鱼胜听着除夕夜的钟声,老婆拿出那件皮革钱包说:"那时候如果用了这笔金子,一辈子都会是翻不了身的懒人。用别人的钱吃吃喝喝,说不定有一天会因为这份罪被抓起来。所以我才骗你说是梦。"说着鱼胜老婆便低下了头。

见此,鱼胜说:"该道歉的是我。"他衷心地向老婆表达了自己的谢意。

后来老婆解除了他禁止喝酒的规矩，被劝酒的鱼胜喃喃自语地说出了故事著名的结尾："可别再是做梦了。"鱼胜曾梦想得到一大笔钱，即使不工作也能生存，但每天勤恳工作、踏实地过日子，比那个梦想更加重要。正是因为明白了这个道理，他才会说出这段结尾。

我每次听这个故事都会在同样的地方大笑，在同样的地方感动，也明白了在每年的最后一天和新年，人们都会选择这个节目的理由。落语中还有很多和这篇相似的关于金钱的故事，如《文七元结店》《井户茶碗》《三方一两损》，等等。

每个故事都表现出了对金钱的清晰思考。钱很重要，为了钱任何人都得努力工作，同时金钱也会蛊惑人心。即便如此，任何人都对金钱有欲望。正因为这个理由，人类必须拥有不能与钱进行交换的某样东西。不，那是每个人本来就拥有的东西，是用钱买不到的。故事里没有明确说明那是什么，只不过我们可以窥见，对江户落语的主要登场人物——工匠、商人以及武士——来说，对职业的忠诚是他们最高级别的价值观。

它有时表现为自尊，有时表现为坚持。工匠、商人和武士分别把自己的生存伦理规范置于自己的技艺、正直的品格和美意识当中。这些都是"看不见的价值"，是不可计量的。但在各自的职业领域形成的共同体中，任何人都能轻易看到这些"看不见的价值"。如果是在现代社会中，"看不见的价值"才变得不可见，那么并不是因为出现了足以取代这些价值的有力价值（金钱在当时和现在都是难能可贵的东西），更为自然的原因是，职业领域的共同体伦理由于内部或外部因素瓦解了。

货币就是破坏这种共同体伦理的力量源泉。货币破坏的不是伦理观本身，而是货币的全球性规范逐渐改写和瓦解了共同体形成伦理观的局部规范。

金钱买不到的东西

活力门在参与收购日本放送富士电视台时聚集了世人的关注。在那之前，活力门便以兼并和收购（M&A）的方法快速成长，曾放出豪言要成为世界市值第一的公司。有一天我翻看早报看到关于活力门社长堀江贵文的采访，标题是《没有用钱买不到的东西》。那时我的感想是，总算出现了说这种话的人。不，任何时候总有年轻人说这话。世间万物终归还是要靠钱来解决。漂亮话干不成任何事，也解决不了任何问题，这就是现实。

但没有一家代表日本的报纸会大篇幅刊登这种看似年轻人说出的话，好像它在引领时代一样。

采访的记者是怀着怎样的心情听堀江贵文说这番话的呢？编审又是出于怎样的目的把这个做成大新闻的呢？这不是逻辑上的问题，无法从逻辑上判断这番言论是否妥当。这意味着在日本，已经可以毫不犹豫地说出这番话。当然，堀江的发言背景是自20世纪90年代初开始盛行的新自由主义思想。在堀江的几次发言中，隐约可见全球化发展和支撑全球化的经济思想——市场主义。处于失去的10年这一经济低迷时期中，日本政府不希望日本再次落后于全球化进程，这一方针也促使了上述年轻人的出现。

即便有这些外部原因，堀江的话也受到了年轻人的欢迎，但我对此还是不得不抱有一定程度的感慨。感慨什么呢？一句话概括就是，在任何人都没有注意到的情况下，日本这个国家在很大程度上变质了。又或许什么都没变，我也怀疑可能只是我自己想多了。

"没有用钱买不到的东西"，这句话从逻辑上来说是没有根据的大话，小孩子都知道有很多用钱买不到的东西。当时的堀江本人应该也很清楚这一点，他说这番话想必是有其他意图。那他的意图是什么呢？

他自己说出了答案。

在此前的日本，无论暴发户多么努力，都由于家世、学派等毫无根据的阻碍，不被允许入会，这样的社会产生了很大范围的影响。家世、学派、裙带关系、偏袒都是机会主义的既得权益，它们在世界上并不通用，只有金钱是世界上唯一透明平等的语言。更不用说在全球化的市场社会，局部区域的陈规陋俗式的商业习惯并不通用，只有金钱才是能在世界各地流通的共同语言。

堀江想说的大概是这种自由主义风潮的世界观。

许多产业界的意见领袖也无法正面反驳堀江的逻辑，有人如此夸赞他："他说出了没人敢说的真心话。正因为他是不被现有价值观束缚的革命者，才能说得出这种话。"

当然，也有不少人对堀江的语言表达了厌恶。人类是有精神的，精神里既有伦理观也有善良的心，比金钱更重要的是人心。即使贫穷也关心别人，与别人互相帮助，这份心是可贵的。这些都是无法用钱交换的。就拿武士道来说，武士就算不吃饭也要装作吃饱的样子，不能忘记恻隐之心等。但强调这种人类美德的人如果听到"可以把你不需要的钱全部捐给穷人"，就会无话可说。金钱宽裕的人类不管怎么说金钱的肮脏、精神的高洁都没有说服力。只能认为那种花言巧语不过是既得利益者的说辞。

和"金钱就是全部"这种思考方式带来了反抗一样，精神也是一种很重要的幻想。因为这两种思考方式几乎可以说是兄弟俩，是一种类型的思考方式。人类往往很容易陷入这种原理主义，仅仅是因为这很容易理解。但这两种都是偏离现实的极端观点，是幼稚的想法。

现实往往是在多样的欲望和高贵的道德中被描绘出来的，以图案并不清晰的形式出现。

弗兰克·辛纳特拉的歌曲里有句有意思的词：

如果心就是所有，那可爱的钞票变成了什么？

这句话说出了人类的心情。正如金钱是世界的通用语言，所有人都具有不想被金钱控制精神的自尊。钱和心都很重要，这点是世间的普遍共识，但民众们都知道，两者往往不会并驾齐驱。所有的思想性并不在于围绕并非并列关系的事物决出胜负，而是出现在一边妥协一边接受的过程中。因为这才是人类在生存中真正应该面对的问题。

国民国家与国民经济

在《网络的演变》出版的同期还有另一本畅销书，就是藤原正彦的《国家的品格》。这两本书虽然完全没有关联性，但我认为它们都出现于时代的分界点，展示出的思考方式直到现在还持续产生影响。换句话说，或许这样的书成为畅销书，本身就是混乱的过渡期的特征。

"这样的书"一方面是体现近代主义、以未来为导向的书，另一方面是典型的批判近代主义的书。市场主义价值观以拜金主义倾向、自我负责、独立自主为主旨。就我个人而言，我常常对这期间笼罩日本的市场主义价值观的蔓延感到不适。我也在思考该怎么批判这种观念，怎么做才能创造出与其并列的新价值观（本书也是一个尝试）。即便如此，我也不得不认可《国家的品格》有其不同之处。在这一节我将会说明，我在《国家的品格》中感到不适的理由，以及理由之一——这本书成为畅销作品是不是有意而为之，还有这本书诞生背景中的自由贸易、新自由贸易主义思想与国民国家、国民经济思想之间的激烈矛盾。

　　以前朝日电视台有个节目叫作《周日计划》，田原总一郎在节目中像是要打断市场主义批判论者关于以往的日式管理的评价，向对方说："你想回到社会主义吗？"我已经记不清楚当时那场讨论的冲突点是什么，以及田原是在怎样的语境下说出了"社会主义"。另一方是我知晓的股份公司论的先导奥村宏，他说道："不，我认为那不是社会主义。"但这句话仅被麦克风捕捉到一点，大家没有围绕这一内容进行讨论，而是转向了其他话题。我只对田原这句"你想回到社会主义吗"印象特别深刻，如果那时让奥村宏好好反驳，讨论的冲突点或许会更加鲜明，但大家没有深挖问题。这就是电视媒体的不足之处。因为我曾多次与奥村宏围绕被称为法人资本主义的现代公司形态的可能性和界限交流意见，因此我可以充分理解他想说什么。他并非主张应该回到以往的日式管理，他只是敲响了警钟，如果无限制地推进现在基于股东主权的全球化，拜金主义必然会在全社会蔓延。而后他认为，由于大公司必然会倾向于拜金主义，以违法手段追求利润，所以呼吁大公司解体。奥村宏这位普通的股份公司研究者一直都很有耐心地关注股份公司这一体系存在的隐患，我一直非常尊敬他，现在也是如此。他仅仅是批判了市场主义，田原就说出那番话给他贴上了社会主义的标签。

市场主义者一直对批判者具有这种条件反射一样的反应，反市场主义者对市场主义者也会表现出"脊髓反射"一样的厌恶感。我认为经济政策有选择的范围，现在的政策是众多可能性中的一种。不管是赞成还是反对现行的经济政策，表现出条件反射般的敌对意识，体现了这种政策已经成为一种意识形态。拥护这种意识形态的话语，对打算虚心思考的人来说等同于放弃思考。

我想先思考两个问题：田原把什么称为社会主义？奥村认为什么不是社会主义？

我还是商人的时候，曾在论坛上和著名投资者谈话，那时他也把以往的日式管理方法称为社会主义并加以否定，对此我反驳他，我认为那不是社会主义。

大家不妨把"社会主义"看作小泉结构改革之前的日本公司及全社会样态。被称为护航体系的共同持股方式、对公司尽忠的工薪阶层、年功序列的雇佣政策，是为了消除经济差距而成立的大政府（Big Government）制定的福祉政策，是官僚主导的决策机制，是积极的财政政策，可以概括为凯恩斯主义。

当时和现在的人们经常说，选自由还是平等这个二选一的问题，实际与经济体制没什么关系。自由与平等原本就不是对立概念，两个都选才是正确的态度。自由和平等，两个都是非常重要的普适理念，实现的步骤和优先级才是问题所在。

反过来说，把所有问题都委托给市场机制的调节能力，这才是和原本意义上的社会主义相近的体制，是消费者阶层掌握了市场趋势的决定权。进一步说，如果相信市场原理，市场万能主义就会接近提倡历史必然性的马克思的历史观。读了《资本论》就能知道，马克思思想的精髓在于，如果人类的活动中有必然性，那么不是由人类精神内部的主要原因决定的，而是由经济、环境等外部重要原因与人类精神之间的关系决定的。马克思发现了作为下层基础的经济条件，亚当·斯密发现了市场，两者都是从外部束缚人类的因素。

当然，我并非是感叹以往的日本社会机制太厉害了，结构改革导致"以和为贵"这种温和的社会崩溃了。

但把日本战后的经济体制与现在正在推进的全球化、新自由主义对比，并给前者贴上"社会主义"的标签，必须说即使是对批判方的全球化来说也是不光彩的。

全球化以及追溯到尼采和海德格尔等人的新保守主义的思想等，原本就不是一些人所说的市场占据一边倒地位的死板思想，也不是能简单否定说没有人情味的思想。正因如此，现在的世界才在逐步全球化，市场的力量才在增大。

至少在20世纪90年代，欧洲和美国推进、日本跟随的经济思想是牢固的思想，经历了漫长的理论斗争，现实政治和政策的试错摸索和检验才获得霸权地位。很难说市场主义者和反市场主义者都好好理解了这一点。

藤原正彦围绕欧洲文化和日本文化做出以下概述。

工业革命发生在英国，美国、中南美、中近东自不用说，连日本和中国都完全没有发生的征兆。这样一来人们就会怀疑，难道是欧洲人太优秀，而其他民族更低劣吗？

事实并非如此。我们来看5世纪到15世纪的中世纪，美国还未登上历史舞台,欧洲的王侯在围绕小块土地不停斗争,充满了无知、贫困与战争。大家都是未开化的民族。

但日本当时已经拥有十分凝练的文化,如可以作为文化凝练程度指标的文学,《万叶集》《古今集》《枕草子》《源氏物语》《新古今集》《方丈记》《徒然草》……举之无尽。比较这10个世纪间的文学作品,比起全欧洲诞生的文学作品,我认为无论是质量上还是数量上,都是中国更胜一筹。[①]

比起分析思想内涵是如何基于周密的思考诞生的,批判对手思想的语言更能说明思想的本质。

用最低的山坳超越思想上的对立者,确实还是老派的政治手法,想必《国家的品格》的作者意识到了这一点。

如藤原所做的,从欧洲、美国的文化和日本传统文化的对立这一构图中理解日本的近代化问题,讴歌逐渐失去的日本传统文化的优越性,可能许多日本人会为此鼓掌喝彩。当初我也非常认同藤原的论述,非常高兴出现了一本适时的书。

但无论在哪里,要求恢复国家主义都一定会导致人们讨论这会过分偏袒。即使可以比较各国的传统和国民文化,原理上也没办法定个优劣。如果硬要区分,也都会蛮不讲理、毫无根据地吹嘘自己的国家,多半只能对国人鼓吹国家主义。

真正的冲突点在于想推进自由贸易、自由竞争,希望推行全球化的股份公司,与想要保护国民经济的国民国家间的矛盾。也就是说,应该讨论股份公司的理念和国家的理念在什么范围内可以同向

---

① 藤原正彦:《国家的品格》,新潮新书2005年版。

而行，从哪儿开始出现矛盾。正如我在第Ⅰ部里简述的那样，王权基于重商主义采取任意的方式管理经济，亚当·斯密反抗了这种做法，比较了其与市场的自律性，市场原理的原型正诞生于此。《国富论》将这一观点理论化，于1776年出版。同年，美国13州发表独立宣言，开启了近代化国家的道路。当初，市场主义和国民国家都是为了反抗人治主义的强权而诞生的近代统治体系的基础。国民国家的构想出现在《威斯特伐利亚和约》中，那是欧洲三十年战争（1618—1648）的和约。按照《威斯特伐利亚和约》的理念（"相互尊重领土，互不干涉内政"），迁往美国的清教徒从宗主国英国手中解放了自己开拓的领土和政治理念。

虽然经历了世界战争的考验，直到20世纪后半叶，股份公司和国民经济一直携手朝着经济繁荣这个共同目的前进。虽然一方面的目的是国民经济的发展，另一方面的目的是股东利益的最大化，但双方的目的并没有背道而驰。因为股份公司的繁荣能够创造就业机会，提高国民收入。

股份公司的逻辑与国民国家的逻辑发生冲突是在20世纪80年代中期日美贸易发生摩擦之时。1981年就任美国总统的罗纳德·里根，强制实行了名为里根经济学的经济政策。里根经济学旨在推进企业减税、废除市场壁垒、推进自由贸易，给封闭的日本市场带来了巨大的冲击。里根指责美国国际收支赤字的元凶是日本。

对此，为经济高速增长奠定基础的下村治在1987年出版了《日本没错，错的是美国》一书，批判许多支持全球化的经济学家缺乏国民经济视点。

国民经济的真正意义是什么？就日本而言，即思考生活在列岛上的一亿两千万人如何解决温饱、如何生存下去的问题。这一亿两千万人无法逃脱在日本列岛生活的命运,这是他们生存的前提。①

各个国家都有为了生存应当维持的最低条件。可以说无视这一点的自由贸易有百害而无一利。

我与下村的这一观点产生了共鸣。但最终下村的主张没有成为主流,在日美贸易摩擦中,日本接受了美国强加给日本的结构性改革。在美国等欧美国家的主张中,全球化标准占决定地位,在其支撑思想中,自由贸易、市场原理主义、小政府和供给侧经济等要素占据重要地位。

在这种潮流中,人们把具有集体主义、关系主义特点的日式管理视为传统中的糟粕,逐渐将其从公司文化中清除。这原本是经济思想和统治体制的问题,但全球化给人民的文化生活带来了巨大影响。独立自主、自我负责、自我实现这些语言开始体现在个人的生活方式中,结果导致金钱至上主义占据了优势地位。

全球化、自由贸易现在也都具有很强的约束力。欧盟是一个巨大的实验,如果它成功了,国民国家会逐渐迎来最佳"食用期限"的结束。

但标榜美国至上的特朗普政权的诞生和英国脱欧等事件,表明以英美为中心的政治首脑开始从全球化经济转向国民经济。

其间发展壮大的股份公司已经拥有了几乎超越国民国家的力量,这一点值得关注。雷曼危机之时,美国和欧洲都因为"规模太

---

① 下村治:《日本没错,错的是美国》,文春文库2009年版。

大不会崩溃"的理由,向资不抵债的银行和保险公司注入了公共资金进行救助。我们可以把股份公司将来何去何从的问题,与今后国民国家何去何从的问题放在一起探讨。

有难同当与公司精神

我们再次回到股份公司内部的话题。

留意公司自成立以后的发展过程就会注意到,公司经历了很多危机,如因资金枯竭而没法维持经营,撤离市场还是缩小规模等。从成立公司,到经济持续增长,再到公开募股,一帆风顺地持续增长的公司少之又少。如何看待经营危机,很大程度上左右着公司今后的走向。例如对五年内必须偿还的基金而言,投资的公司如果在第五年出现经营危机,就会带来致命的赢利机会的损失。但经营危机对经营者和业务员来说,或许是为了自己的组织能够延续和发展,必须跨过的关口。因为渡过这一难关之后,公司的相关人员之间就会培养出共同体精神,形成面临将要到来的、更大困难的耐性。共同体精神产生于共渡苦难的过程,而非实现成功的过程。因为只能用全体成员自我牺牲式的赠予来保障共同体精神,共享苦难是全体成员"微不足道的赠予",这"微不足道的赠予"才是确保信任的原始行为。

在实现成功的过程里,只存在成功果实的分配和涉及的利益冲突。分配结束后,成员只能解散,回到各自的岗位。赠予不是分出自己多余的财物,而是把自己最需要的东西分给别人,这时才体现出赠予的真实意义。

对今后必须应对人口减少这一基本的劳动环境变化的日本来

说，不断朝全球化、市场化迈进是不是正确的选择，人们还未得到有说服力的结论，反而许多人被只有全球化和市场化的选择这一强制观念束缚住了。但全球化和市场化并不一定会带来光辉美好的未来。如果我们追求永远的精神安定，那么或许应该在某个地方放弃执着于光辉美好的未来。

不管是公司问题还是经济问题，抑或是科技问题，我认为重要的是分析它们的提出者是谁、受到了什么影响，以及它们的有效范围有多大。

能正确描述公司现状的语言，不会从公司必须营利的这一公司的逻辑中出现。反而是与公司隔绝、在与公司没有关系的地方生活的人，他们眼中映射出的公司更接近公司真实的样子。

以经济当然会持续增长的观点来看，自然看不到经济增长造成的隐疾。即便从当然会持续增长的观点中解读出各种各样的经济指标，也很难发现当下的经济现象所反映的真正意义。

怎么做才能使公司切实成长呢？用什么样的政策才能确保稳定的经济增长呢？科技进步会如何改变人类的生活呢？关于这些问题，各位专家可以用各自领域的专业用语来解释说明。事实上，那既有必要，也对实际生活有帮助。

但越努力地推进这些事物的发展，越会导致我们远离一些原理性的问题，即公司的本质是什么、应该如何看待经济、科技真的会让人幸福吗，等等。因为这里说到的实用性语言，即便可以强化现在各自领域的机制，也无法使其解体或进化。就像人口减少和战争，当机制变化时，这些语言几乎会失去全部作用。

在这里，选择民主主义还是社会主义，选择金钱还是精神，选择自由还是平等，这种二元对立的思考毫无用处。人们很容易把单纯化的措辞当作是好理解、合理的思考。每个人都希望自己是对的，错的是别人，希望别人用干脆、简明的语言为我们说明。

但很遗憾，世界并非如此单纯的事物。关于经济方面，在国家管理下的计划经济与市场原理主义之间，应当有许许多多的折中方案和修订方案可供选择。没办法一句话说清其中哪个是对的哪个是错的，只能在事后判断。结果对社会发挥出有效功能的经济政策是正确的选择，而且没人能保证现在的正确选择将来也正确。左右经济的各种要素相互干预、相互影响，十分复杂。

关于公司也是同理。虽然可以从理论上描绘正确的公司，但现实中作为幻想共同体的公司到作为营利机器的公司之间可以存在各种各样的形态、运营方法和理念，无法判断其中谁对谁错。只能事后判断，哪种公司发展得顺利，这种做法暂且就是正确的。

人类世界一直是暂定的，一直处于变化当中。

实际上世界既不单纯，也没有特别复杂。只不过怀着想把世界单纯化的心情就会看到单纯的世界，怀着把世界看得复杂的心情就可以描绘出错综复杂的世界。

在事物的两个极端观点之间，有各种搭配方法，或许没有正确的选择，但成年人的选择是，只要一边避开最坏的选择，一边试错摸索即可。这是一边和现实对话，一边推进事物发展的态度，真相会出现在两个极端观点的中间。

真相这种东西任何时候都可以凭空捏造。在任何情况下，真相都是健康和疾病像汞合金一样融合在一起的现象，智慧的作用只存在于能否察觉到现在自己有病的问题中。我们生活在永远的暂定中，是我们有可能解决的课题。

终章 ——— 股份公司将何去何从

股份公司暴露出的界限

股份公司的未来何在？这是最后的问题。

雷曼危机以后，不，应该说美国发生金融危机的20世纪30年代以后，用一句话概括发达国家发生的现象就是总需求减少。反过来说，供给过剩的慢性问题笼罩了发达国家。

这里有一个悖论。因为供给过剩是生产技术和文明发展等的终点。

经过股份公司占据核心地位的法人资本主义时代，各国国民的生活必需品、电子产品等耐用消费品、住房和办公室等大量进入市场，甚至超过了实际需求。当然，局部区域的情况各不相同，也有差距，但整体看来这一点是显而易见的。

科技发展与股份公司的壮大，导致了供给过剩这一从经济方面看似无法解决的状况。因为还出现了发达国家人口开始逐渐减少的情况（日本是急速减少），所以供给过剩进一步加剧了事态。

如果这是生产过剩这一市场暂时失衡导致的通货紧缩现象，那么通过采用印刷货币扩大总量的量化宽松政策，以及国家成为最后的雇主，借助公共事业实现充分就业，或许可以解决。实际上，当处于20世纪30年代世界金融危机的时候，美国总统罗斯福实施了"罗斯福新政"这一公共事业和就业政策，成功地把美国经济从金融危机中拯救了出来。通货紧缩现象，通过贯彻财政政策还是有可能改变航向的。

但如果总需求减少问题或者供给过剩问题并非因为市场一时的供需失衡造成的，而是文明史的供给过剩，是市场原理外部发生的问题，那该怎么办呢？也就是说，如果发生的供给过剩超出了货币措施有望解决的范畴，是文明史范畴的现象，那会变成什么样呢？

萨伊定律指出，因为"看不见的手"具有调节市场价格的功能，所以可以在市场中销售完产品。但在供给过剩的情况下，萨伊定律当然不起作用。近代经济学的基础——因合理的喜好而工作的人类这一概念动摇了。

如果"恢复经济景气"原本就意味着提高货币和商品的流动性，那实现不了的状态就是文明史范畴的供给过剩。

但对股份公司来说，如果不追求持续增长，只针对换新需求、维持生存所需的衣食住方面的需求，那么作为股份公司就很难实现利益最大化和持续给股东分配利益。这也是关系到股份公司存亡的问题。

当初股份公司基于市场原理，唤醒了总需求或者打算创造需求。国家也试图通过利用财政当局制定的需求刺激政策和中央银行的金融政策给市场注入活力。全球化是供给侧为发掘市场付出的令

人均能源消耗量的变化（主要国家）

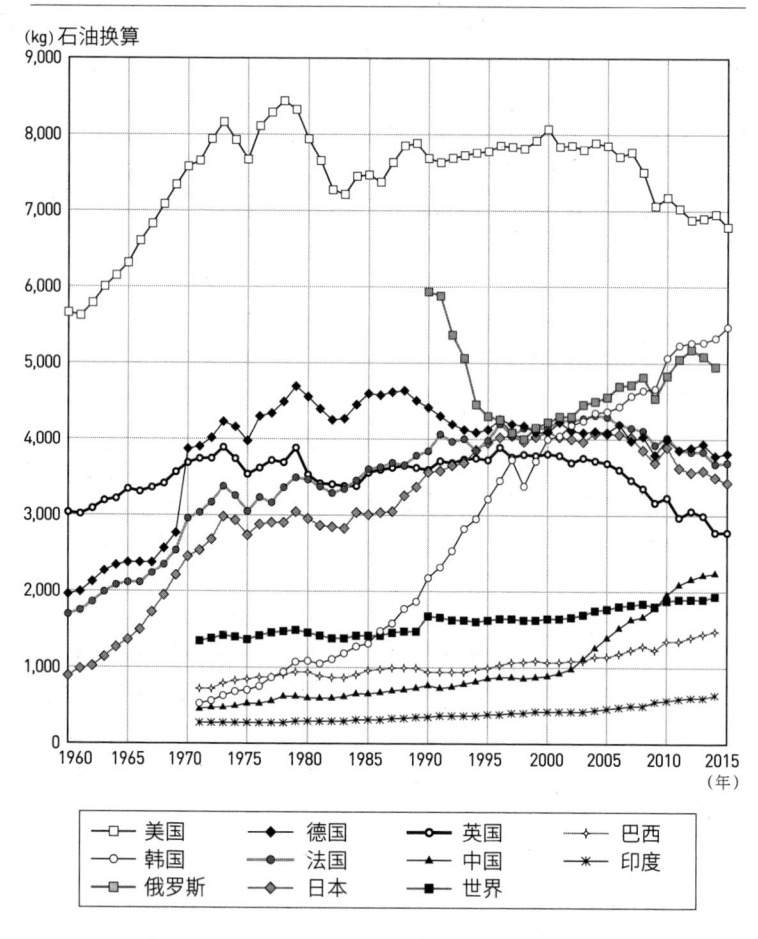

图例			
美国	德国	英国	巴西
韩国	法国	中国	印度
俄罗斯	日本	世界	

（注）消耗量是指一次性能源供给量。原资料见International Energy Agency (IEA)。

（资料）世界银行、WDI Online 2017-5-15。

出处：社会实情数据图录 https://honkawa2.sakura.ne.jp/4020.html。

人敬佩的努力，中央银行和国家制定的量化宽松政策（印刷金钱）也短期地唤醒了特殊需求。但即使如此，还是没能扩大总需求。

GDP增长率的长期变化

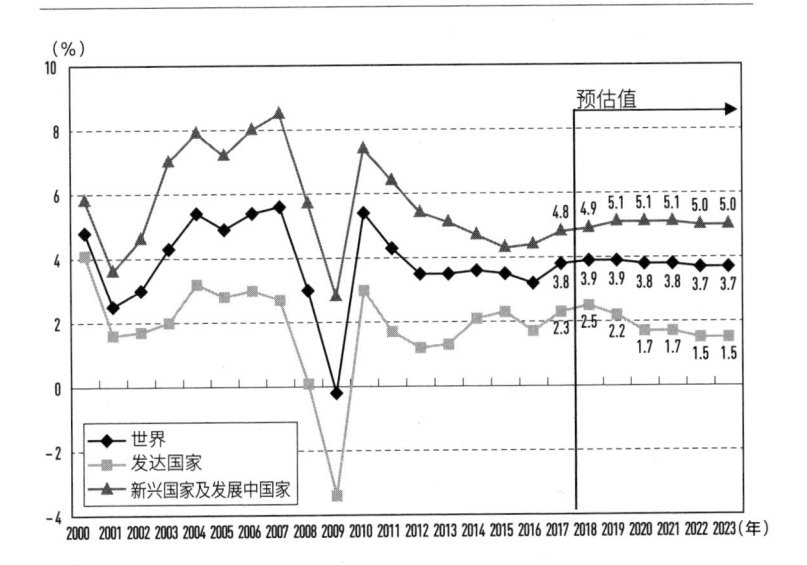

(资料) IMF WEO（2018年4月）制作。

(出处) 经济产业省《通商白皮书2018》https://www.meti.go.jp/report/tsuhaku2018/2018honbun/i1110000.html。

现在发生的总需求减少，即供给过剩，不是由于市场扭曲和流通瓶颈之类的原因造成的，应当解释为文明史范畴的范式变化。特征之一显现在所有发达国家的GDP总量。

此前我们只注意了GDP的年增长率，GDP的增长率和下降率确实是观察短期货币现象比较合适的指标。但是看长期的变化，任何发达国家的GDP都会在某个时期以后达到顶点（日本是在1997

年以后）。不管推出什么样的政策，GDP都会在顶点维持触礁搁浅的状态。

或许也可以看发达国家的人均能源消耗量指标。20世纪70年代中期以后，每个国家的能源消耗都停滞不前。与那之前100年的能源消耗的增加量相比，这是显著的范式变化。

如何才能制止文明史范畴的总需求减少呢？

最真切地感受到这个问题的可能就是股份公司。因为没有需求就没有存在的理由，这是股份公司的本质。正因如此，公司才会寻找新市场和有发展潜力的市场，改变投资对象，开拓新市场。

但无论是哪个有发展潜力的市场，都会出现需求饱和的现象。

这种时候，股份公司为了生存需要如何规划呢？

战争与股份公司

我已在第Ⅰ部中详细阐述，没有战争就谈不上股份公司的出现。殖民地争夺战就是西欧王权垄断利益、扩张版图的进程。为了进军国外，西欧王权开始运用海上运输，这是以新航路的发现和航海技术的进步等为背景的。站在殖民地争夺战的角度，海运正是运输大量补给最有力的选项。为了确保成本和人力，需要稳固持续的公司体系。选择股份公司的理由之一就是，需要可以超越自然人持续存在的组织基础。虽然没办法实际证明当时的人们对法人比自然人拥有的优势有何种程度的理解与计算，但从募集资金和持续性方面来说，股份公司的形态确实具有以前的合伙公司无法比拟的优势，以前的合伙公司每次航海都要清算一次利益和损失。

在股份公司出现之前的公司（规约公司和个人公司）里，如果公司的支柱去世或者隐退了，就必须重新组建公司，每次航海结束清算之后也必须重新组建。因此不管是出资方还是运营方，都大大欢迎股份公司这种新的公司形态。

以大航海时代为背景的经济范式，是欧洲各王权国家带来的财富积累战。亚当·斯密批判了埋头于掠夺和战争的重商主义，他认为国家的真正财富是这个国家的所有劳动力。希望各位读者注意到一点，亚当·斯密写下《国富论》的1776年正是美国独立那一年，同时也是詹姆斯·瓦特开始把蒸汽机商用的一年。也就是说，这是一个转型的时代，欧洲的古老时代结束了，近代开始了，经济开始持续增长，人权和平等普世价值观诞生了。这个转变巨大的时代对股份公司而言正是一个大好机会，股份公司可以借此活跃起来，成为引领世界经济发展的主角。

用一句话概括，此为近代的开端，亚当·斯密发现的具有自发性的市场，代替了为实现国家野心用武装船队掠夺财富的形式，成了商人可以活跃的舞台。同时意味着孕育出了激烈的竞争，被之前的等级制度束缚的人们开始走向自由竞争。做出这一调节的是国民国家，虽然具有国民经济的作用，但在全球化的暴力进程中，21世纪的现状是国民国家逐渐失去指引力。直到20世纪初，国民国家依然保持着统治能力。从工业革命时代开始直到第一次世界大战，对股份公司来说是最幸福的时代，或许也可以说是资本主义精神最有生机的时代。

对股份公司而言，幸福时代是指生产的商品可以全部在市场上销售出去。萨伊定律（即非货币市场的总供给和总需求相一致的市场定律），在这个时代得以成立。如果总供给常常超过总需求，市场的自律性就会崩坏。股份公司这一大量供应、大量生产的母体也就失去了存在的意义。

欧洲超长期人口变化

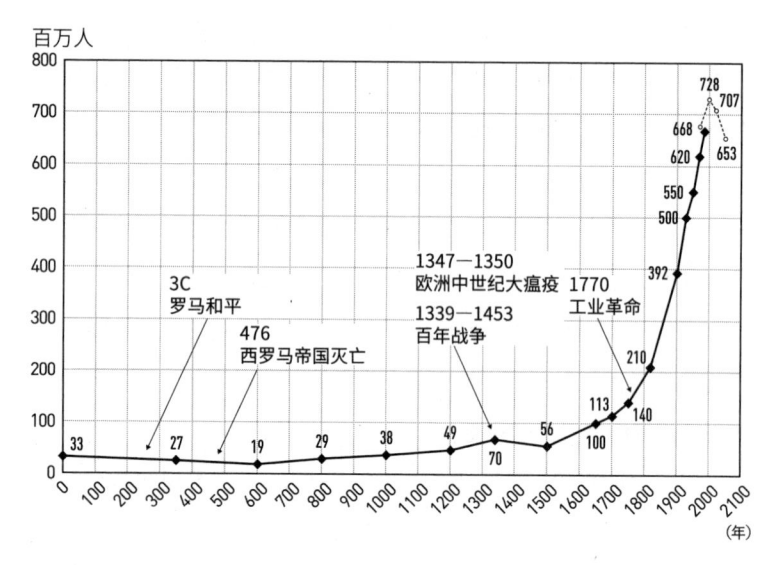

（注）　在过去的变化中，把乌拉尔山脉以西的地域作为欧洲。点线来源于联合国推算的未来人口（2004年修订）。

（资料）T·G.乔登的《欧洲文化的形成与空间结构》（原著出版于1988年）、国立社会保障·人口问题研究所"人口统计资料集"2006年版。

出处：社会实情数据图录 https://honkawa2.sakura.ne.jp/9010.html。

世界大战之前，以及世界大战之时，欧洲发达国家的人口都在飞速增长。马尔萨斯在《人口论》（1798年初版、1826年第六版）中预想，与成几何级数增长的人类相比，粮食增长因为收益递减的定律而存在上限。如果人口一直增多，就会导致粮食不足，生活资源不均衡，引起贫困问题。人口增长带来的粮食总需求将超过自然食物的定量总供给，供需平衡将会崩溃。

但供需平衡或许最终并不会崩溃。如马尔萨斯指出的，人口增长会使得劳动力供给过剩，结果就会带来劳动者难以维持生活、婚育受限等问题，这会给人口增长踩上刹车。

现实如马尔萨斯所料想的那样吗？或是马尔萨斯的预测有误，其后200年间人口呈现爆发式增长？无论是哪种情况，进入2000年后，世界上的发达国家都出现了人口急速减少的情况。

即使在人口增长达到顶峰后出现了贫困问题，也不能只把原因归结为人口增长导致的粮食不足。世界经济在人口增长、文明发展的进程中变得越来越复杂，这并非仅用人口问题就能简单说明的。

英国在19世纪初成功摆脱了"马尔萨斯陷阱"。在工业革命和殖民地化政策这一"国际分工"背景下，英国快速实现了从以农业为中心的产业向商业化的转变。

过去的封建秩序被一一铲除，农业资本主义逐渐转变成工业资本主义，城市化的程度越来越高。大众消费增加，银行、保险公司、投资公司等金融部门为了统一步调，更好地发展，促使工业资本主义（消费资本主义）转变为金融资本主义，持续着史无前例的扩大。

其间最引人注目的变化，是以工业资本主义为背景的工业化，在英国以及全欧洲盛行。工业化改变了全体社会经济，但推进工业化的根本动力正是股份公司带来的资本集中，可以说它承担了确保大量生产所需的设备和人力资源的前线基地的作用。

如于尔根·科卡在《资本主义简史》中总结的那样，支撑长期工业化的条件如下。

（1）基于合同的雇佣劳动的普遍化。

（2）工厂、矿山、新型运输体系、机械化、制造设备的扩大与固定资产的积累。

（3）革新带来的"创造性破坏"。

能提供这些条件的母体正是股份公司，工业化的同时促进了股份公司的壮大（资本化垄断）和全球化。

工业过快发展，一方面导致贫富差距扩大，社会结构不稳定，另一方面激化了垄断资本之间的竞争。

在本书第Ⅰ部里，我详细论述了大航海时代的市场争夺战，如今，各发达国家帝国主义式的膨胀，可以说是那场战争的现代版。虽然无法用一句话总结其发生的原因，但可以说经济的方方面面都开始出现失衡，出现了生产过剩导致的供给过剩。

股份公司这一事物擅长在经济加速增长的局面加速自我变革，但不具备随着社会发展的停滞制止自己的机制。也就是说，它只能在成长的环境中生存。

股份公司这一法人不具备像自然人一样的生命周期，不会在成长过后就行动钝化，逐渐步入老龄化阶段。服装生产商所说的"发展否则灭亡"这一命题，在某种意义上说中了股份公司的生态。

当生产过剩的问题显现出来之后，通常情况下应该克制生产，努力使生产组织稳定地延续下去，但股份公司天生的特点不允许它这么做。因此若生产出现过剩，股份公司就会认为必须开拓能销售完这些过剩产品的新市场，这种本末倒置正是名为"发展"的病。

最初的表现是，以国际分工为背景的生产据点的移动，把发展中国家作为销售商品的新市场。这种对发展不厌其烦的追求和行动，与国民国家的理念背道而驰。国民国家的理想是国家的存续，为此只能在将国家全体成员不被分裂、不被杀害、不忍饥挨饿作为整体条件下逐渐提高生活质量。因此国民国家制定了关税壁垒，以保护本国产业和本国的劳动者。

与此相反，进军他国领土，掠夺他国劳动力，意图将全世界的利润都聚集到自己国家，这种霸权国家的野心虽然是王权扩张的野心，但不是威斯特伐利亚体制以后的国民国家的野心。国民国家的理想是实现可持续社会，发展否则灭亡是与其不相容的思想。

欧美发达国家进入20世纪以来发生的事情，是大型股份公司对国民国家规制的挑战，通过把股份公司的原理贯彻到全世界，把被国民国家分裂的市场改造成了世界性的自由竞争市场。

> 德国最大的企业蒂森克房伯（在1887年有2万名员），1907年有6.4万名员工。以蒂森克房伯为基础的合伙制钢公司（Vereinigte Stahlwerke）在1927年有20万名员工。美国最大的企业美国钢铁公司，在1901年至少有10万名员工，在1929年拥有44万名员工。20世纪60年代，西门子在全世界有27万名员工，德意志银行有劳动者和职员共计3万名，2010年二者的人数分别增加至37万人和9.8万人。同年，德意志邮政有42.5万人，西门子有40.5万人，排德国前二，但在世界上分别排第十一位和第十三位。位居世界大型企业排行榜前二的是零售业企业集团沃尔玛（有210万名员工）和中国石油天然气集团（有165万名员工）。

这段记述里有矛盾的地方，一处说2010年西门子的员工数是37万人，另一处是40.5万人，这大概是年初和年末的数字。重要的一点是，员工人数突然增加。

因为大规模经济的优点和激化的企业间竞争，人员数量和资产总额达到国家规模的企业集团接连诞生。但如果规模超过一定的大小，企业就会转变为拥有财富、名声、权力的巨大法人。其中存在一个问题,日益庞大的公司只对扩大欲望感兴趣。为了跟上股份公司日益庞大的步伐,国民国家也得改头换面。

大航海时代发生了财富争夺战,现代争夺的是总需求,并且以市场包围战的形式愈演愈烈,全球化就是最初的表现。股份公司追求廉价劳动力和未开发的市场,越过国家规定的国境,扩大了自己的经营范围,从实质上破坏了规定国民国家自律性的威斯特伐利亚体制。

另一个"法人"——国民国家——面对日益庞大的股份公司的攻击,几乎毫无抵抗的办法,因为股份公司掌握了经济发展这一管理国家的基础。如果没有来自法人的税收收入,国民国家只能压榨国民来获取税收。

雷曼危机爆发之时,美国政府对大型金融机构施以援手,注入了公共资金。那时人们认为股份公司很强大,根本不会崩溃(Too Big To Fail)。这种观点表现出,国民国家的理念在巨型企业面前已经失去了作用。任何人都已经无法控制发展得太过庞大的股份公司。

或许听起来很奇怪,但只有股份公司能控制股份公司。但是股份公司的日益庞大、不断发展,甚至是通过破坏市场这一发展基础,自然环境这一市场基础实现的,股份公司迟早会领悟到自己已经不具备任何成长空间。

股份公司首先通过全球化寻求出路,但尽头已清晰可见。下一种方法是成立地域联合集团,最后一种方法大概只有按照市场规模缩小规模重组,但这种理性的行动是最不适合股份公司的。

我有一个消极的预测:巨型股份公司的归处是股份公司之间的斗争,是利用国家行使毁灭性的武力。为了避免这种局面,现在我们需要做什么呢?对此,我认为是时候重新思考股份公司是什么,又不是什么了。

REFERENCE
参考文献

[1] 阿道夫·A.伯利、加德纳·C.米恩斯:《现代股份公司与私有财产》,森杲译,北海道大学出版会2014年版。

[2] 相田洋、宫本祥子:《货币革命1:庞大对冲基金的攻防(NHK特别版)》,日本放送出版协会1999年版。

[3] 安德鲁·罗斯·索尔金:《雷曼危机的机密(上·下)》,加贺山卓朗译,早川书房2010年版。

[4] 岩井克人:《威尼斯商人的资本论》,筑摩学艺文库1992年版。

[5] 大泉光一:《支仓常长、庆长遣欧使节的悲剧》,中央公论新社1999年版。

[6] 大塚久雄:《大塚久雄著作集第一卷:股份公司诞生史论》,岩波书店1969年版。

[7] 大塚久雄:《社会科学中的人类》,岩波新书1977年版。

[8] 奥村宏:《法人资本主义的构造(最新版)》,岩波现代文库2005年版。

[9] 奥村宏:《弄虚作假的资本主义》,东洋经济新报社2006年版。

[10] 克里斯·克利尔菲尔德、安德拉什·蒂尔克斯:《庞大体系:失败的

本质》[1],樱井祐子译,东洋经济新报社2018年版。

[11] 珍·格里森·怀特:《用资产负债表读懂世界经济史》,川添节子译,日经BP社2014年版。

[12] 下村治:《日本没错,错的是美国》,文春文库2009年版。

[13] 乔尔·巴肯:《公司》,酒井泰介译,早川书房2004年版。

[14] 阵内秀信:《兴亡世界史08:意大利海洋城市的精神》,讲谈社2008年版。

[15] 田中靖浩:《世界会计史》,日本经济新闻出版2018年版。

[16] 鹤见俊辅:《期待与回忆》,朝日文库2008年版。

[17] 富田俊基:《国债的历史》,东洋经济新报社2006年版。

[18] 中条秀治:《股份公司新论》,文真堂2005年版。

[19] 中野刚志:《富国与强兵》,东洋经济新报社2016年版。

[20] 桥爪大三郎、中田考:《一神教与战争》,集英社新书2018年版。

[21] 平川克美:《21世纪的椭圆幻想论》,三岛社2018年版。

[22] 菲利克斯·马丁:《21世纪的货币论》,远藤真美译,东洋经济新报社2014年版。

[23] 牧野雅彦:《用新书掌握名著〈新教伦理与资本主义精神〉》,光文社新书2011年版。

[24] 马克斯·韦伯:《新教伦理与资本主义精神(经典本)》,中山元译,日经BP社2010年版。

[25] 马克斯·韦伯:《职业的学问》,尾高邦雄译,岩波文库1936年版。

[26] 马克斯·韦伯:《新教伦理与资本主义精神》,大塚久雄译,岩波文库1989年版。

---

[1] 2019年四川人民出版社出版该书时采用的中译名为《崩溃》。——译者注。

[27] 宫崎贤太郎:《隐匿基督徒的实像：日本人对基督教的理解与接受》，吉川弘文馆2014年版。

[28] 尤瓦尔·诺亚·赫拉利:《人类简史》，柴田裕之译，河出书房新社2016年版。

[29] 于尔根·科卡:《资本主义简史》，山井敏章译，人文书院2018年版。

[30] 隆多·卡梅伦、拉里·尼尔:《世界经济简史Ⅰ》，速水融监译，东洋经济新报社2013年版。

POSTSCRIPT
后记

我从10多年前便开始在立教大学社会人大学院教授"日本经济论"和"企业理念"两门课，这两门课是我写本书的契机。这两门课属于商业设计研究科的MBA专业，学生的身份跨度大，包括银行家、基金经理、大型企业董事、工商企业家、广告公司董事等，年龄从30多岁到60多岁不等。

上课形式为我简单说明股份公司的历史和问题，然后大家针对这些内容进行讨论。每位学生都活跃于商业领域，不可大意，但他们同时也是难得的讨论对象。系主任评价我的课堂是最不像MBA的课堂，虽然我的课在MBA专业有些特立独行，但大学里的工作人员仍接纳了这种方式，允许我自由授课。我想对他们宽广的胸怀表示诚挚的感谢。

虽然每次课前，我都会在笔记本上记录下应该说的内容，但课上说的九成内容都朝意料之外的方向偏离，大多数时候都变成了即兴的现场授课。本书也有离题的情况，这对论文写作而言是弱点，但应该会为读物增添些许趣味。

这段体验可以称得上是机缘，我自己在其中学到了很多，每次授课都帮助我完善、强化了自己的观点。从3年前（2017年）起，我也在早稻田大学给本科生上课，教授"现代企业论"。但早稻田的课今年（2020年）就会结束，后面已经委托给其他老师。

课堂上每次都有外部的听讲人。虽然大学原则上禁止旁听，但他们每次都借助手、访客的理由参加了。其中一人是东洋经济新报社的渡边智显，他建议我把讲课内容编写成书，名为《世界股份公司史》。我自以为是地说既然要出书，干脆出版《股份公司论》的最终定本，让渡边先生等了我3年。后来，我大篇幅添加、修改了已经绝版的《名为股份公司的病》，将其收录进本书。虽然最终呈现出来的内容离最终定本还差得很远，但对现在的我来说已经到达了一个顶点。

本书的完成必须感谢渡边和我身边的所有人，以及在立教大学商业设计研究科听我上课的各位同学。虽然无法罗列出每个人的名字，但我想向我的学生同时也是我非常好的讨论对象表示感谢。我把与大家的唇舌之战凝结成了本书。

感谢大家。

2020年9月
平川克美